**모든 성도가
새가족부다!**

모든 성도가
새가족부다!

ⓒ 생명의말씀사 2015

2015년 12월 24일 1판 1쇄 발행
2025년 2월 6일   9쇄 발행

펴낸이 l 김창영
펴낸곳 l 생명의말씀사

등록 l 1962. 1. 10. No.300-1962-1
주소 l 서울시 종로구 경희궁1길 6 (03176)
전화 l 02)738-6555(본사) · 02)3159-7979(영업)
팩스 l 02)739-3824(본사) · 080-022-8585(영업)

지은이 l 김민정

기획편집 l 박미현, 정설아
디자인 l 김혜진
인쇄 l 예원프린팅
제본 l 다온바인텍

ISBN 978-89-04-16536-0 (03230)

모든 성도가
새가족부다!

성도들이 알아야 할
새가족을 위한 61가지 지침

생명의 말씀사

저자는 새가족에 대한 거룩한 부담감을 갖고 이 책을 썼다. 또한, 새가족이 예수님께 뿌리를 깊이 내리고 교회에 잘 정착하도록 돕기 위해 이 책을 썼다. 이 책은 조국교회와 이민교회를 건강하게 세우는 데 아주 중요한 '새가족 사역 지침서'다.

가장 소중한 것은 생명이다. 생명보다 귀한 것은 없고 사람을 얻는 것보다 귀한 것은 없다. 예수님은 영혼을 구원하시고, 새 생명을 주시기 위해 십자가에서 죽으셨다. 가정에 어린아이가 태어나면 모든 것이 새 생명을 중심으로 움직인다. 교회는 가정과 같다. 새 생명이 교회에 들어오면 모든 성도는 그 새 생명에 초점을 맞추어야 한다. 새 생명이 태어난 것을 기뻐하고, 그 생명을 양육하는 것을 즐거워해야 한다. 새 생명이 없는 공동체는 죽어 가는 공동체다. 새싹이 없고, 새 나무가 없는 숲은 머지않아 황폐해진다. 교회도 마찬가지다. 그러므로 모든 성도는 새가족을 보배처럼 여겨야 한다.

이 책은 사람을 소중히 여기는 것을 가르쳐 주는 책이다. 사람들은 자신을 소중히 여겨 주는 곳에 머문다. 자신을 사랑해 주는 곳에 머문다. 자신을 있는 모습 그대로 용납해 주는 곳에 머문다. 과거의 허물을 덮어 주는 곳에 머문다. 과거를 떠나 새 출발을 할 수 있도록 도와주는 곳에 머문다. 교회에 정착할 때도 착한 교회, 친절한 교회, 따뜻하게 환영해 주는 교회, 상처를 보듬어 주는 교회에 머문다. 무례한 교회, 거친 교회, 사나운 교회는 좋아하지 않는다.

이 책은 사람들이 찾아가고 싶은 교회를 세우는 데 도움을 주는 책이다. 이 책에는 관계의 법칙, 존중의 원리, 사랑의 예술, 그리고 탁월한 코칭의 기술이 담겨 있다. 이 책에 나온 내용은 짧고 쉽지만 그 원리는 깊다. 모든 성도가 그 원리를 배워 적용한다면, 사람을 얻고 사람을 남기는 그리스도의 제자가 될 수 있다.

나는 이 책을 조국교회와 이민교회 목회자들에게 추천하고 싶다. 특히 새가족 사역을 담당하고 있는 영적 지도자들에게 추천하고 싶다. 그리고 건강한 교회를 세우길 원하는 모든 그리스도인에게 이 책을 추천하고 싶다.

L. A. 새생명비전교회
강준민 목사

새가족의 정착,
성도들의 작은 배려에 달렸다

사랑이 많고 정직한 한 부부가 살았다. 그들은 3명의 자녀가 있었지만, 늘 마음에 입양을 하고 싶다는 꿈이 있었다. 그러다가 드디어 용기를 내어 어렵게 절차를 밟고 사랑스러운 남자아이 한 명을 입양했다.

부부는 매우 기뻐하며 그 아이에게 사랑을 듬뿍 주었다. 나이 차이가 많은 고등학생 맏딸도 아이를 정말 귀여워하며 부모님을 도와 정성껏 돌봐 주었다.

그런데 문제는 아이와 한방을 쓰는 다른 형제들이었다. 정작 매일 같이 생활해야 하는 두 아들은 이 입양한 아이를 반기지 않았다. 둘째는 무관심으로 일관했고, 셋째는 귀찮아하고 미워했다.

부모님이 직장에 나가고 나면, 이 아이는 형제들과 종일 같이 지내야 했다. 학교도 같이 가야 했고, 숙제도 같이해야 했고, 노는 것도, 자는 것도 이들과 같이해야 했다.

과연 이 아이는 부모의 지극한 사랑만으로 행복했을까?

새가족은 담임목사의 사랑도 필요하고, 담당 교역자나 직분자의

사랑도 필요하다. 그러나 누구와 가장 오래 지내는가? 그들의 일상이 누구에게 더 많이 노출되어 있는가? 바로 같은 성도다. 새가족은 성도들의 환영이 절대적으로 필요하다. 새가족은 일상에서 부딪히는 성도들과의 만남을 통해 교회의 이미지를 느끼며 그들과 함께 삶을 나누기 때문이다. 그러므로 교회의 체질이 바뀌지 않으면 새가족은 온전히 정착하기 어려워진다.

그런 의미에서 한국교회는 이제 또 한 번의 변화가 필요하다. 전도에만 집중하지 말고, 새가족부의 중요성에 대해서도 관심을 두고, 이제 모든 교인이 새가족부와 같은 마음으로 새가족을 환영하고 도우려는 체질 개선이 필요한 것이다.

방법은 아주 쉽다. 마음을 조금만 바꾸고 조심성을 가지려고 노력하면, 훨씬 더 새가족의 마음을 편안하고 따뜻하게 할 수 있다. 그 간단한 지침들을 기억하고 실천에 옮기면, 교회의 체질이 바뀌고 더불어 새가족이 편안한 마음으로 정착할 수 있게 될 것이다.

이 책을 읽는 데는 그리 심오한 집중력이나 연구가 필요하지 않다. 다만 앞으로 제시하는 지침들을 꼭 기억했으면 한다. 알고 있는 것과 전혀 모르는 것은 천지 차이이기 때문이다. 한가할 때 한 장씩 눈에 닿는 대로 읽어도 좋다. 그러면서 새가족에게 관심을 가지고 실수를 줄이려고 노력하면, 나의 말과 눈빛, 작은 배려로도 한 영혼을 살릴 수 있음을 기억하자.

1단계 \ 마음의 기초 다지기
성도들이 가져야 할 기본 마음가짐

CONTENTS

2단계 \ 배려 실천하기
모든 성도가 교회의 얼굴임을 알고 행하라

**모든 성도가
새가족부다!**

CONTENTS

3단계 \ 역지사지 정신 발휘하기
새가족의 마음을 꿰뚫어라

1단계

마음의
기초 다지기

성도들이 가져야 할
기본 마음가짐

갈망해 씨가 만난
다급해 집사

갈망해 씨는 오랜 기간 망설이다가 교회에 나오게 되었다. 그는 인생을 사는 게 참 힘겹고 덧없다는 생각이 들었다. 그래서 언젠가는 꼭 종교를 가져야겠다고 마음먹고 일단 교회도 가보고, 절에도 가보고, 여러 가지 경험을 해보기로 결단했다. 하지만 언제까지 미룰 수는 없었다. 참진리가 무엇인지, 인생의 종교를 찾아봐야겠다고 생각한 그는 절보다는 찾아가기 쉬운 교회를 먼저 방문하게 되었다.

모든 것이 낯설었지만 나쁘지는 않았다. 예배가 생각보다 감동이 있었고, 설교 말씀을 들으면서도 깨달은 점이 많았다. 처음 드리는 예배에서 갈망해 씨가 무엇보다 감동했던 점은 옆자리에 앉은 다급해 집사의 거룩한 모습이었다. 그녀는 예배 시간 내내 눈물을 흘리면서 연신 감사하다는 혼잣말을 반복했다. 갈망해 씨는 다급해 집사가 부러웠다. 인생을 살면서 그런 깨달음과 감동을 매주 느낄 수 있다면 정말 좋겠다고 생각했다. '그래. 사람들이 지적하며 떠들어 대는 교회의 문제들은 그저 소수에 불과한 일일 거야.'

그는 자신도 다급해 집사처럼 거룩하고 신실한 모습으로 살 수 있을 것만 같았다.

갈망해 씨는 첫 출발이 참 좋았던 것에 감사했다. 어떤 종교를 가질지 아직 마음을 정한 건 아니었지만, 교회를 통해 좋은 점들을 발견해서 기쁨을 느꼈다. 그는 벅찬 마음을 안고 한 번의 예배만으로는 확신을 갖기에 부족하니 한 달은 더 다녀 보기로 했다.

예배가 마치자 사람들은 찬양 반주 소리를 들으면서 각자 조용히 기도를 드렸다. 갈망해 씨는 눈을 떠야 하는지 감아야 하는지 몰라서 일단 사람들이 "아멘." 하고 일어나면 그때 눈을 뜨고 일어나야겠다고 생각했다. 사람들은 마치 예배의 감동을 마무리하듯 계속해서 눈을 감고 있었다. 그런데 반주 소리가 잦아들자 은혜에 빠져 있던 옆자리의 다급해 집사가 갑자기 요란스럽게 짐을 챙기기 시작했다. 그러고는 갈망해 씨를 황급히 몸으로 밀치며 사람들이 일어나기가 무섭게 군중 사이를 비집고 나갔다. 갈망해 씨는 뒤통수를 얻어맞은 것처럼 멍해졌다. '아니, 방금 그 거룩하고 신실해 보였던 모습은 어디로 간 거지?'

예배당에서 나온 갈망해 씨는 주차장에서 차를 몰고 나가며 앞에 빼곡히 서 있는 차들이 빠지길 기다리고 있었다. 그런데 그때 갑자기 한쪽 편에서 어떤 차가 무례하게 끼어들면서 빵빵거리기 시작했다. 그 차는 먼저 가지 못해 안달이 난 듯 깜빡이도 켜지 않은 채 다른 차들의 순환까지 방해했다.

순간 불쾌감이 엄습한 갈망해 씨는 고개를 돌려 운전자의 얼굴을 보았다. 그런데 그 사람은 다름 아닌 자신의 옆자리에서 눈물, 콧물을 흘리며 그렇게 거룩하게 기도하던 다급해 집사가 아니겠는가! 얼굴에 눈물 자국도 채 마르지 않았는데 빵빵거리면서 주차장을 아수라장으로 만든 그 집사를 보며 갈망해 씨는 아연실색했다. '아, 이게 교회구나.'라는 탄식이 절로 나왔다.

갈망해 씨는 그 후 다시는 교회에 발을 디디지 않았다. 다급해 집사가 어떤 사정이 있어서 그런 행동을 한 건지는 잘 모르겠지만, 그렇게 은혜를 받고도 순식간에 돌변할 수 있는 게 교회인가 싶은 회의감에 교회를 향한 모든 갈망이 사라지고 말았다.

●
모든 사람에게 내 사정을 일일이 설명해 줄 수는 없다. 그러나 언제 어디서든 새 가족이 나를 바라볼 수도 있다는 마음의 준비는 필요하다. 하나님은 영혼을 구하는 것을 가장 기뻐하시고, 영혼을 잃는 것을 가장 싫어하신다. 주님을 기쁘시게 하는 방법은 어렵지 않다. 영혼의 구원을 돕는 일. 그 일을 위해 마음가짐부터 바꿔 보면 어떨까?

01
모든 성도가
새가족의 보모다

새가족은 영적인 신생아다. 신생아는 돌봐 줄 사람이 필요하다. 물론 그들은 이미 나이를 먹을 만큼 먹었을 수도 있고, 사회적인 지위를 가지고 있을 수도 있다. 그러나 그런 모든 것과 상관없이 새가족은 신앙에서는, 그리고 적어도 우리 교회에서는 초보자다. 그러므로 돌봐 줄 사람이 절대적으로 필요하다.

한국교회는 나누어서 일하는 것을 선호한다. 그러다 보니 내가 하는 봉사 이외에는 관심이 없다. 그리고 다른 봉사에 관심을 갖는 것을 마치 월권처럼 생각한다. 그러나 새가족과 관련된 봉사는 단순히 봉사만으로 그치는 것이 아니라 생활이 되어야 한다. 봉사라고 할 것도 없다. 웃는 것이 봉사인가? 옆자리에 앉으라고 가방을 비켜 주는 것이 봉사인가? 이는 그저 생활이고 배려다.

새가족의 일거수일투족을 새가족부 봉사자가 다 쫓아다니며 섬길 수는 없다. 새가족이 모든 행동반경에서 가장 자주 마주치는 사람들은 바로 불특정 성도들이다. 어디에서 누구를 마주칠지 모르는 상황인 것이다. 그러므로 모든 성도가 '새가족'이라는 이름 앞에 배려와 사랑의 마음을 가져야 한다. 그들은 약자이기 때문이다. 새가족은 교회가 낯설고 어려운, 두려움을 가진 첫 방문자들이다. 그들에게는 사람들의 무관심한 표정마저도 적대적으로 느껴질 수 있다. 낯선 곳을 처음 방문하면서 아무 의미 없이 방문하는 사람은 거의 없다. 대부분은 나름의 사연과 이유를 가지고 있다. 첫 낯선 방문을 이겨야 할 만큼의 이유 말이다.

그 방문자들과 함께 어깨를 맞대는 교인들, 한 화장실을 사용하는 교인들, 눈이 마주치는 교인들……. 새가족과 어떻게든 부딪히게 되는 수많은 교인의 몸짓과 표정은 새가족에게 아주 많은 메시지를 전한다. 새가족의 정착을 돕고 싶다면, 그들을 친절하게 대하고 돌보아야 할 작은 보모의 역할이 내게 주어졌음을 기억하자. 이는 결코 어려운 일이 아니다. 많은 성도가 참여할수록 그 역할은 더 가벼워진다. 이렇게 모든 성도가 함께 새가족을 따뜻한 마음으로 맞이할 때, 새가족은 교회에 대해 편안함을 느낄 수 있다.

예수님이 아흔아홉 마리의 양을 두고 한 마리 양을 찾아 나섰던 목자이심을 믿는가? 그 잃어버린 영혼이 교회에 정착하기 원한다면, 이제는 전 교인이 새가족을 맞이해야 한다. '나 하나쯤은 괜찮겠지.'라는 생각은 버리길 바란다.

02

새가족을
어린아이 취급하지 말라

새가족이 얼마나 중요하고 배려가 필요한 존재인지를 설명하기 위해 앞서 '영적 신생아'라는 표현을 사용했다. 그렇다고 정말 어린아이 취급을 해서는 안 된다. 새가족은 이미 성인이고 사회적으로 문제없이 잘 살고 있는 사람이다. 병원을 찾아온 환자나 어린이집에 온 아이가 아니다. 물론 교회는 때로 병원처럼, 어린이집처럼 새가족을 돌봐야 한다는 것에는 동의한다. 그러나 요지는 내가 의사이거나 선생님이 아님을 명심해야 한다는 것이다.

자칫 우리는 돌보고 배려해야 한다는 것을 내가 우위에 있고, 내가 가르쳐야 한다는 뜻으로 착각하는 경우가 많다. 그래서 "이건 그렇게 하는 게 아닙니다. 그런 말은 쓰시면 안 됩니다."라는 식으로 주의를 시키거나 교정을 하려고 든다. 이는 매우 잘못된 태도다. 새가족이 우리에 비해서 부족하다고 생각하면 큰 오산이다. 그들은 다만 믿는 시기가 우리보다 늦었을 뿐, 존중받아 마땅한 성인임을 늘 인식해야 한다. 그들에게는 전혀 문제가 없다.

미국에 있는 한 교회를 방문했을 때 조금 불쾌한 일을 겪은 적이 있다. 예배 시간보다 조금 일찍 도착한 나는 교회 성도들에게 처음 방문했다고 말했다. 그러자 그 교회의 권사님이 시간이 한 20분 정도 남았으니 교회를 둘러보며 소개를 해주겠다고 하셨다. 거기까지는 좋았으나 그다음부터가 문제였다. 권사님은 당연히 나보다 연배가 높으셨고, 교회에 대한 애정이 대단해 보이셨다. 그런데 그분은 내가 그저 자기 딸처럼 여겨지셨는지 교회 이곳저곳을 돌아보다가 어느 순간 나에게 반말을 하기 시작하셨다. 그러고는 신앙생활은 이렇게 해야 한다, 저래서는 안 된다, 하며 교회 생활에 대해서 훈계를 늘어놓으셨다. 그분의 말투에서 '나는 이 교회의 어른이야.'라고 하는 듯한 의식이 느껴졌고, '넌 날 잘 따라야 해.'라는 무언의 압력 같은 것도 느껴졌다.

물론 이는 극소수의 예일 것이다. 그러나 분명한 건 이런 행동을 하는 사람들은 자기 자신을 잘 모른다는 점이다. 어쩌면 교회마다 이런 사람들이 몇 명씩 있을지도 모른다. 교역자들과 이야기해보면 이런 문제에 대해 자주 고충을 털어놓으니 말이다. 그러나 교역자는 이런 행동을 하는 성도를 지적하기 어렵다. 지적하는 순간 그 성도가 반발하거나 마음이 상해 봉사를 그만둘 수도 있으니 말이다. 그러니 성도들 스스로 자신이 그런 사람은 아닌지 돌아봐야 한다. 나보다 교회에 한참 늦게 왔고 나이가 어리다는 이유로, 새 가족을 어린아이 취급하면서 가르치려 들지는 않았는지 돌아보자. 만약 내가 그런 성향이라면, 누구도 지적해 주기 힘든 일이니 더욱 철저히 자신을 돌아보며 실수를 줄여 나가야 한다.

03

신앙이 좋아야만 새가족을
돌볼 수 있다는 선입견을 버리라

누군가를 돌본다는 것에 겁을 내는 사람들은 대체로 자기가 신앙이 좋지 않아서 자격이 없다고 말한다. 핑계일 수도 있으나 진심인 경우도 많다. 새가족을 돌보기에는 아직 신앙 경륜이 모자라고, 성경에 대해서 아는 것도 없고, 부족한 점도 너무 많아 그들을 가까이하지 못하겠다는 것이다.

그러나 어떤 면에서 새가족을 돌보는 일은 신앙이 좋지 않아도 더 효과적으로 할 수 있다는 특징이 있다. 신앙생활에 오랜 경륜이 있지 않아도 아직 믿은 지 얼마 안 되었기에, 오히려 새가족의 마음을 더 잘 이해할 수 있다는 강점이 있는 것이다. 교회에 정착한 지 1, 2년밖에 되지 않은 사람이라면, 그 교회에서 겪는 어려움이나 적응하기 위해 알아 두어야 할 사항들, 교회의 장단점 등을 더욱 잘 알고 있기에, 훨씬 더 효율적으로 도움을 줄 수 있다.

내가 새가족부 담당 교역자로 일했을 때의 일이다. 당시 사역하

22 모든 성도가 새가족부다!

던 교회는 규모가 커서 새가족을 돕는 바나바 봉사자가 거의 50명에 가까웠고, 봉사자들이 새가족을 한두 명씩 담당하여 4주 동안 친구가 되어 주는 프로그램으로 새가족반이 진행되었다.

새가족의 친구가 되어 주는 일은 성경적인 깊은 지식이나 많은 경험이 꼭 필요한 것은 아니기에, 나는 신앙생활을 오래 하지 않은 사람이라도 개의치 않고 바나바 봉사직을 맡기곤 했다. 무엇보다 새가족에게 친구가 되어 주는 일이 핵심이었으니 말이다.

당시 바나바 봉사자 중에 신앙생활을 해본 적은 있지만 그렇게 신앙이 깊지는 않고, 그 교회에 나온 지 1년도 채 되지 않은 남자 성도가 있었다. 그런데 나중에 그 봉사자에 관해 아주 흥미로운 뒷얘기를 듣게 되었다. 한 남자 새가족이 그 바나바에게서 많은 도움을 받았다고, 덕분에 교회에 잘 정착했다고 정말 기뻐하며 이야기했다는 것이다. 그에게 어떤 점이 좋았느냐고 물으니, 자신은 교회에 다니면서 담배 피우는 문제가 가장 걸려 교회에 나가기가 싫었는데, 그 바나바가 자기도 담배 끊은 지 2년도 채 안 되었다며 여러 가지 조언을 해주었다고 한다. 그 새가족에게는 자신과 비슷한 입장에서 자신보다 한 발짝 앞서 나간 사람의 조언이 더 실제적으로 마음에 와 닿았던 것이다. 정말 놀라운 일이었다.

만약 신앙생활을 오래 한 사람이 그런 속내를 들었다면, 아마도 너무나 식상하고 교과서적인 권면을 해주었을지 모른다. 그리고 그 새가족은 혼자서 끙끙 앓다가 교회에 거부감을 느꼈을지도 모른다. 너무 대단한 사람보다는 자신과 비슷한 경험을 한 사람을 통해 '이렇게 신앙생활을 하면 좋아질 수 있구나.'라는 용기를 얻었고, 결국 교회에 더 가까이 다가갈 수 있는 계기가 된 것이다. 나는 그 바나바 봉사자를 만나서 칭찬해 주었다. 자신의 경험담을 솔직하게 나누어 준 덕분에 한 영혼이 잘 정착하게 되었다고, 정말 감사하다고 말이다.

교회 안에는 수많은 봉사의 자리가 있다. 그리고 정말 찬란한 경력을 가진 사람들이 열심히 뛰고 있다. 그들은 심지어 여러 가지 일을 감당하기도 한다. 그런 사람들에게 새가족까지 맡아 달라고 요청하는 것은 무리라고 생각한다. 나는 오히려 그저 친근하고 다정하면서, 믿음의 확신은 분명하되 신앙생활을 한 지 오래되지 않은 사람도 개의치 않고 봉사할 수 있게 했다. <u>신앙 경력이 얼마나 되는지는 전혀 문제가 되지 않는다. 중요한 것은 바로 따뜻한 마음이다.</u>

04

다름을 인정해 주고,
있는 그대로를 받아 주라

가끔 특이한 성향의 새가족이 교회에 올 때도 있다. 그런데 옷차림이나 헤어스타일, 또는 말하는 습관이나 태도 등이 평범하지 않으면, 그 사람은 수군거리는 대상이 되기도 한다.

한번은 청년부를 맡고 있을 때였다. 당시 사역했던 교회는 신도시에 자리 잡고 있었고, 대부분의 청년이 대학생이었다. 교회 규모가 그리 크지는 않았지만, 청년부는 제법 모여서 60여 명 정도 될 때였다. 그런데 이미 20년도 더 된 오래전 일이지만 선명하게 기억이 나는 한 청년이 있다.

어느 날 머리카락이 반은 노란색, 반은 빨간색인 화려한 헤어스타일의 한 남자 청년이 스스로 청년부에 왔다. 색깔만 화려한 것이 아니라 그 머리를 또 닭 볏처럼 위로 세워 놓아 100m 떨어진 데서 봐도 한눈에 알아볼 수 있을 것 같았다. 그 청년은 누가 봐도 교회의 여느 청년들과는 사뭇 다른 모습이었다. 그렇게 눈에 띌 수밖에 없는 모습임에도 그 청년이 처음 청년부에 왔을 때, 그 누구도 이상한 눈빛으로 쳐다보지 않았다. 어떤 모습을 하고 있건 전혀 개의치 않고 그저 있는 그대로 격의 없이 대하자, 그 청년은 빠지지 않고 계속 교회를 나왔다.

지금처럼 염색이 자연스러운 시대도 아니었고, 정말 어디서 꽤 노는 사람처럼 보이는 모습이었지만, 다행히도 교역자를 포함하여 모든 청년이 그의 겉모습 때문에 그를 따돌리거나 수군거리지 않았다.

이 정도는 아니라고 해도 가끔 남달라 보이는 사람들을 만날 수 있다. 때로는 옷을 너무 야하게 입고 오거나, 아니면 집에서 그냥 나온 듯 너무 허름한 차림으로 오거나, 꼬치꼬치 따지듯 질문하거나, 대화의 패턴이 특이하거나……. 이렇게 조금 평범하지 않은 새가족이 오는 경우가 있다. 그럴 때도 우리는 그들의 다름을 인정해 주고, 있는 그대로의 모습을 받아 줘야 한다. 어쩌면 그들에게 그럴 만한 사정이 있을 수도 있기 때문이다.

맥스 루케이도의 『주와 같이 길가는 것』이라는 책에 이런 글이 실려 있다.

"우리는 오늘 아침 비틀거리는 남자를 비난하지만 그가 어제 구타당한 모습은 보지 못했다. 절뚝거리며 걷는 여자를 판단하지만 그 여자의 신발에 박힌 압정은 보지 못한다. 그들의 눈에 어린 두

려움을 비웃지만 그들이 얼마나 많은 돌과 화살을 피해야 했는지
는 전혀 알지 못한다." *

우리는 이처럼 그 사람의 진짜 속사정은 모르면서 그 사람을 오
해하거나 비판할 때가 많다. 물론 다른 사람의 속사정을 일일이 다
알 수는 없다. 하지만 우리는 교회이고 하나님의 자녀이기에, 설령
나와 다를지라도 그 다름을 인정하고 받아 주는 마음 자세를 가져
야 한다. 누가 봐도 정말 남다른 새가족을 만났다 하더라도, 그를
정죄하거나 비난해서는 안 된다. 험담하거나 수군거려서는 안 된
다. 다양성을 이해하고 받아 주다 보면, 언젠가 새가족의 깊은 속
마음을 알게 되는 날이 올 것이다.

---

* 맥스 루케이도, 『주와 같이 길가는 것』, 복 있는 사람, p. 89

05

상대방의
믿음의 분량에 따라 대하라

사람마다 믿음의 시기와 환경이 다르므로 그 믿음의 분량도 제각각이다. 따라서 새가족을 대할 때는 내 믿음의 기준에서 획일적으로 대하면 안 된다. 이는 마치 초등학교 1학년 학생에게 미적분을 풀라고 하면 안 되는 것과 같은 이치다. 바울은 고린도 성도들을 대할 때 그 믿음의 상태에 맞게 대했다.

"형제들아 내가 신령한 자들을 대함과 같이 너희에게 말할 수 없어서 육신에 속한 자 곧 그리스도 안에서 어린아이들을 대함과 같이 하노라 내가 너희를 젖으로 먹이고 밥으로 아니하였노니 이는 너희가 감당하지 못하였음이거니와 지금도 못하리라"(고전 3:1-2).

새가족의 믿음이 주일 예배만 간신히 나올 정도라면, 그것만으로도 대단하다고 칭찬해 주어야 한다. 수요 예배도 나오고, 새벽기도도 나오라고 계속해서 강요해서는 안 된다. 나의 기준으로 신앙은 최소한 이런 것이라고 생각해도, 그 사람의 상황과 믿음의 분량에 맞게 권유해야 하는 것이다.

예를 들어, 새가족이 주일에도 근무해야 하는 직업을 가졌다면, 주일성수가 당연히 어려울 것이다. 그런데 그런 새가족에게 성도가 주일성수도 안 하면 어떻게 하느냐며 답답하다는 듯한 표현을 한다면, 그 사람에게는 상처가 될 수도 있다. 어떤 예배와 어떤 봉사, 어떤 교육이 있는지를 설명해 줄 수는 있지만, 그것을 선택하는 것은 온전히 새가족의 의지여야 한다.

내 기준으로만 생각하지 말고, 그 사람의 입장에서 어떤 것이 적정선인지를 잘 살펴야 한다. 만약 새가족이 예전에 다니던 교회에서 주 중 예배와 새벽 기도에 봉사까지 하던 사람이라면 조금 다를 것이다. 그런 사람이 여건이 되는데도 주일 예배조차 제대로 드리지 않는다면, 다시 믿음을 회복하고 적극적인 신앙생활을 하도록 조금 더 적극적으로 권면할 수 있다.

대화를 할 때는 믿음이 좋으면 좋은 대로, 약하면 약한 대로 그 분량에 맞추어서 하는 것이 좋다. 사람은 절대 기계적으로 대해서는 안 됨을 명심하고, "우리 교회는 일괄 이렇게 합니다!"라는 강압적인 태도를 버리자. 기준을 제시할 수는 있으나 언제나 그 새가족에게 맞는 것을 찾기 위해 배려하고 관심을 기울이는 자세가 필요함을 기억하자.

내가 복음으로 기뻐해야
상대에게도 그 기쁨을 전할 수 있다

우리는 복음을 위해서 헌신하며 새가족을 섬기길 원한다. 그리고 실제로 행동한다. 그러나 진정한 신앙의 마음보다는 행동이 앞설 때가 많다. 신앙이란 단순히 어떤 서비스를 제공하고 회원에 가입하게 하는 수준의 것이 아니다. 우리는 하나님에 대한 믿음, 예수 그리스도의 죽으심이라는 놀라운 일을 통해 천국이라는 소망을 갖고 영적 변화를 추구하는 신앙인이다. 이는 인생에서 가장 위대한 결단이자 축복이다.

단지 교회에 다닌다고 해서 구원이 이루어진다면 상관없다. 그저 친절하게 서비스를 제공해서 회원 가입만 시켜도 괜찮다면 상관없다. 그러나 교회 공동체는 그런 곳이 아니다. 또 그렇게 신앙생활을 해서는 안 된다. 우리가 전하려고 하는 것은 결국 나의 변화된 삶이어야 한다. 나의 영적인 내면과 복음이 내 삶에 어떤 영향을 미치고 있는지 실제로 드러나야 하는 것이다.

우리 마음 가운데 진짜 복음이 자리하고 있지 않다면, 봉사를 하는 사람이든 그저 예배 때 잠깐 마주치는 사람이든 그 거짓된 마음은 금방 들통나고 말 것이다. 우선은 새가족이 문제가 아니라 나 자신이 더 큰일 난 것이다. 교회를 그렇게 다녔는데도 복음으로 인한 소망과 기쁨이 나타나지 않을 만큼 믿음이 없거나, 신앙이 식어 버렸다면 나 자신이 가장 큰일 난 것이다.

신앙이 좋든 좋지 않든 사람은 영적 존재다. 그래서 상대방의 마음을 느낄 수 있고 볼 수 있다. 그리고 그렇게 쉽게 속지 않는다. 내 안에 기쁨이 없는데 "교회 다니니까 얼마나 좋은데요! 예수님 때문에 저는 오늘도 감사할 수 있답니다."라고 하는 영혼 없는 고백이 상대방의 마음에 전달될 리는 만무하다. 그러므로 가장 먼저 내 마음 가운데 복음으로 인한 기쁨이 있는지를 확인해야 한다. 단지 섬기기 위한 목적에서가 아니라 바로 나 자신을 위해서 말이다.

신앙생활을 너무 오래 해서 모든 게 식상하고 이제는 더 새로울 것이 없다고 느껴진다면, 자꾸 쉽게 판단하게 되고 다 아는 것처럼 느껴진다면 이는 위험 신호다. 들을 귀가 교만해지고, 머리가 커진 것이다. 그렇다면 내 마음에 복음의 불이 꺼진 것은 아닌지 살펴봐야 한다. <u>누군가에게 복음의 감동을 전하고 싶다면, 가장 먼저 내가 복음으로 가슴이 뛰어야 하고, 예수 그리스도라는 이름만 들어도 눈물이 나는 기쁨을 회복해야 한다.</u> 내 가슴에 와 닿지 않은 은혜로 다른 사람을 감동하게 할 수는 없다. 명심하라. 내 마음에 구원과 복음으로 인한 기쁨이 가득해야 다른 사람에게도 그 기쁨을 전할 수 있다.

내가 받은 은혜를 함께 나누라

우리는 사실 내가 가지고 있는 사랑으로 다른 사람을 사랑하기에는 턱없이 부족한 인간이다. 인간은 본래 이기적이기 때문이다. 그래서 우리는 언제나 하나님의 사랑을 힘입어야 더 충분한 사랑을 전할 수 있다. 내가 경험한 하나님을 의지하여 내가 받은 하나님의 사랑을 나누려고 할 때, 우리는 더 멋진 섬김의 모습을 가질 수 있다.

그러기 위해 더없이 좋은 것은 내가 받은 하나님의 은혜를 함께 나누는 것이다. 은혜를 나누는 일이 막연하다고 느껴지는가? 복음을 전하는 일도 결국에는 하나님이 나에게 하신 일을 증거하는 일이다. 우리는 전도를 매우 어렵게 생각한다. 그 이유는 전도를 하려면 성경을 잘 알아야 하고, 신학적인 지식이 있어야 한다고 생각하기 때문이다. 혹은 전도폭발과 같은 어떤 스킬이라도 가지고 있어야 할 수 있는 일이라고 오해한다. 그러나 전도는 다른 말로 증인이 되는 것이다. 증인이 무엇인가? 내가 보고 느낀 것에 대해서 있는 그대로 말하는 것이 아닌가?

그렇다면 우리는 그저 신앙생활을 하면서 내가 보고 느낀, 내가 경험한 하나님에 대해서 말하면 된다. 그것이 증인 된 삶이다. 여기에 반드시 지식이 있어야 하는 것은 아니다. 나의 어머니가 나를 얼마나 사랑하시는지에 대해 말하는 데 지식이 필요한가? 어머니가 진짜 내 어머니라는 사실을 말하는 데 지식이 필요한가? 유전자 검사를 해서 어머니가 내 친어머니라고 믿는 사람은 아마도 없을 것이다. 나를 키우시고, 나를 사랑하시고, 나를 위해 희생하시는 그 모습을 통해 우리는 의심 없이 나의 어머니라고 믿는다.

하나님에 대한 우리의 증거도 유사하다. 하나님이 나에게 어떤 일을 하셨는지, 나의 구원이 어디에서 왔는지, 교회 생활을 하면서 어떤 역경을 딛고 일어날 수 있었는지, 그 모든 경험을 있는 그대로 나누는 것이 바로 간증이요, 복음의 증인 된 삶을 사는 것이다.

새가족을 만나서 이야기를 나눌 때 무작정 잘해 주는 것만이 능사가 아니다. 하나님을 알게 해주고, 하나님께로 인도해야 한다면, 내가 할 수 있는 가장 쉬운 일은 바로 받은 은혜를 함께 나누는 것이다. 그 은혜가 무엇이든 간에 늘 나의 입술로 고백하고 감사하는 습관을 들이라. 그 고백을 통해 더 감사하는 생활을 하게 될 것이다. 그리고 새가족이나 다른 성도들은 하나님을 더 풍성하게 알게 될 것이다.

다만 이때 주의해야 할 점은, 이런 은혜가 있어야만 한다고 고집을 내세우거나, 자랑의 마음으로 은혜를 고백해서는 안 된다는 것이다. 은혜는 반드시 감사하는 마음으로 나누어야 한다. 은혜를 나누는 중에 '나'를 채우는 것이 아니라, 그 안에서도 '하나님'이 가득하실 수 있게 해야 한다는 말이다.

08
고난을 숨겨서
행복한 척하지 말라

　　　　　신앙은 우리에게 참된 기쁨을 주는 정말 좋은 것
이다. 하지만 매일 기쁘기만 한가? 솔직히 말하면 그렇지는 않다.
살면서 정말 참을 수 없을 만큼 힘든 날도 있고, 아무리 웃고 싶어
도 웃을 수 없는 날도 많다. 하지만 무표정과 무관심이 일상이 되
어 마치 극장을 드나들 듯 교회를 다니는 우리의 태도를 보면, 밝
게 웃고 늘 미소를 짓는 것은 분명 필요한 일이다. 내 마음은 너무
도 힘든데 힘들지 않은 척하며 가면을 쓰라는 말이 아니다. 밝은
모습으로 살면 나 자신에게도 유익한 일이니, 교회에서도 공동체
를 조금 더 의식해서 유쾌한 태도를 가지자는 뜻이다.

　교회 안에는 몇 가지 강박적인 생각이 있다. 고난을 당하면 마치
무슨 잘못을 한 것처럼 여기는 풍토도 그중 하나다. 중직자나 교회
를 오래 다닌 사람이 고난을 당할 때 힘들어하면, 믿음이 부족하거
나 신앙이 없는 사람으로 생각하는 것도 강박적인 생각이다. 이는
정말 잘못된 풍토라고 생각한다. 아픈데 아프다고 말하지 못하고,

힘든데 힘들다고 말하지 못한다면 그게 무슨 공동체라고 할 수 있겠는가?

숨겨서 괜찮은 척해야 믿음이 있는 것으로 인정받는 풍토는 어쩌면 함께 울어 주고 싶지 않은 이기심 때문에 생겨난 것일지도 모른다. "장로님이 그 정도로 힘들어하면 안 되지요."라는 말이 얼마나 폭력적일지 생각해 본 적이 있는가? 인생의 아픔은 누구에게나 힘든 것이고, 그 사람의 사정은 그 사람만이 아는 것이다. 상대의 아픔을 쉽게 판단하면서 빨리 이겨 내라고 강요할 수는 없다. 오히려 참된 공동체라면 함께 안아 주고, 함께 울어 주며 더 표현할 수 있도록 도와야 한다.

그런 측면에서 새가족에게 덕이 안 될 거라고 생각하며 자신의 진심을 속이고 괜찮은 척할 필요는 없다. 정말 괜찮은 거라면 상관없겠지만, 그렇지 않다면 오히려 솔직함이 덕이 될 수 있다. "제가 좀 힘든 일이 있어서요. 하지만 주님을 의지해서 이겨 가고 있는 중입니다."라고 말하는 것을 부끄럽게 여기지 말라. 사람들은 대부분 힘든 일을 겪으면서 꿋꿋이 버텨 가는 모습을 통해 도전을 가장 많이 받는다고 한다. 예수님을 믿어서 어려운 일이 없다는 것은 거짓말이다. 이는 불신자들도 알고 있는 사실이다.

09

거룩한 척,
잘난 척하지 말라

표현이 좀 거칠지 모르지만 가장 와 닿을 수 있는 말로 이해하기 위해 '척'이라는 단어를 사용했다. '공손하고 겸손하라'는 표현이 듣기는 좋겠지만 사실 막연할 수 있다. 새가족에게 의도치 않게 저지르는 실수 중 하나가 조금 더 신앙이 좋고 거룩한 것처럼 보이려 하거나, 새가족보다 훨씬 많이 알고 있다는 것을 티내려 한다는 것이다. 어쩌면 어느 정도 사실이기에 그럴 수도 있다.

내가 신앙의 길에 먼저 들어섰고, 하나님에 대해서 많이 아니 당연히 초신자보다 여러 발 앞서 있다고 여겨질지 모른다. 이 교회에 다닌 지 내가 훨씬 오래되었으니 당연히 교회에 대해서 아는 게 많다고 생각될지 모른다. 그런데 바로 이런 생각 때문에 내가 우월하다고 느끼기 십상인 것이다.

이는 참 어려운 문제다. 똑같이 새가족으로 들어온 두 사람 중 한 사람이 그런다면 말이 안 되는 일이지만, 기존 성도는 실제로 아는 것이 많고 경험도 많아 자연스럽게 그런 마음이 스며들 수 있기 때문이다. 그래서 의도하지 않았지만 잘난 척하는 것처럼 보일 수 있고, 하나님에 대해서 아주 많이 아는 것처럼, 거룩한 척하는 것처럼 보일 수 있는 것이다.

키가 작은 사람이 키 큰 사람을 대하면서 키 큰 척할 위험은 별로 없으나, 키가 큰 사람은 키 작은 사람을 대할 때 자칫 으스대는 것처럼 보일 수도 있다. 그래서 더 겸손해야 하고, 스스로 위험성을 인식해야 한다.

'나는 새벽 기도도 하는데, 수요 예배는 기본이지.'라는 마음으로 대화를 나누다 보면, 상대방은 '넌 나를 따라오려면 아직 멀었어.'라는 인상을 받을 수도 있다. 때로는 자신은 교회에서 중직을 맡고 있는 사람이니 함부로 대하면 안 된다는 식으로 말하고 행동하는 성도들도 있다. 이는 교회에 대해 정말 잘못 이해하고 있다는 뜻이다. 자칫하면 이런 모습을 통해 새가족에게 시작부터 잘못된 교회관을 심어 줄 수 있으니 정말 조심해야 한다.

성경에 누누이 나온 말씀처럼 '먼저 된 자가 나중 되고 나중 된 자가 먼저 된다'는 것을 기억해야 한다. 하나님의 계산법과 우리의 계산법이 다르다는 것을 잘 이해해야 한다. 오전 9시에 들어와 일한 일꾼이나 오후 5시에 들어와 일한 일꾼이나 같은 삯을 받는다는 것을 기억하고, <u>스스로 높은 자리에 있다고 여기는 것이 얼마나 위험한지 다시 생각해 봐야 한다.</u>

또 인식해야 할 점은 새가족의 지난 신앙 이력을 우리는 잘 모른다는 것이다. 우리 교회에 처음 나와서 낯설어하고, 조용하게 배우려는 태도를 가지고 있지만, 그 사람이 하나님 앞에서 어떤 헌신의 삶을 살았는지, 하나님이 그 사람을 얼마나 귀히 여기시고 인정하고 계신지는 모르는 일이다. 그러므로 내가 먼저 교회 생활을 했다는 이유로 지레짐작 내가 더 신앙 경력이 많을 거라고 추측하며 자신을 높이는 실수를 해서는 안 된다.

우리에 대한 모든 평가는 오직 하나님의 손에 달려 있으며, 마지막 날에 드러날 것이다. 그러니 모든 사람이 하나님의 전적인 은혜로 하나님 앞에 나아올 수 있다는 사실을 명심하고, 누구를 향해서든지 겸손한 모습을 갖는 것이 바람직하다.

10
직분자라고
대접받으려는 생각을 버리라

　　교회는 평등을 추구하나 실제로 평등하지 않은 경우가 많다. 한국교회에는 권위적인 풍토가 아직 많이 남아 있다. 유교의 영향을 받아 가부장적 권위와 장유유서와 같은 사상이 있는 문화적 배경이 교회에서도 그대로 드러나는 것이다. 물론 어른을 존중하고 대접하는 것은 좋은 일이다. 그러나 권위적인 태도로 스스로 대접받고자 하거나 어린 사람이 무시당하는 경우는 아름답지 못한 일이 된다. 서로서로 존중하고 사랑하는 풍토가 교회에 가득해야 한다.

　새가족은 어찌 보면 교회에서 그 사람의 나이 고하를 막론하고 최고의 약자라고 할 수 있다. 성경에서는 고아와 과부를 돌보라고 했고, 나그네를 대접하라고 했다. 높은 자리에 있는 자는 낮아지기 위해 노력하라고 했다. 예수님은 언제나 섬김의 리더십을 강조하셨다. 이것이 성경의 원리이자 성경적인 가치관이다. 낮아지고, 대접하고, 약자를 돌보는 것이 주님이 원하시는 일이라면, 약자인 새가족을 섬기는 일도 당연히 하나님의 뜻이라고 생각해야 한다.

직분은 귀한 것이지만 섬김을 위해 있는 자리지, 다른 사람들에게 알아달라고 존재하는 것이 아니다. 새가족은 누가 누구인지 아직 잘 구별하지 못한다. 따라서 그들이 실수하더라도 충분히 이해해야 한다. 다른 것을 알아 가고 익숙해지기도 전에 직분자들의 위치를 알게 하려고 애쓰는 것은 바람직한 행동이 아니다.

극소수이긴 하지만 간혹 장로나 권사, 안수집사의 직분을 강조하는 교회도 있다. 이러면 새가족은 시어머니, 시아버지를 모셔야 하는 것 같은 부담감을 느낄 수도 있다. 어떤 교회는 새가족과의 만남에서 직분자들을 따로 소개하는 시간을 갖기도 한다. 그러나 새가족의 관심은 전혀 다른 데 있다는 사실을 알아야 한다. 교회의 입장에서는 누가 누구인지를 알려 주는 것이 배려라고 생각할 수 있지만, 알고 싶은 것을 알려 주는 게 배려이지 관심 없는 것을 알려 주는 것은 오히려 거추장스러운 일일 수 있다. 초면에 다 기억하지도 못하거니와, 다음에는 그들을 알아보고 인사를 해야 할 것 같은 부담감만 안겨 줄 수 있기 때문이다.

개인적인 인사를 할 때도 마찬가지로 자신의 직분을 굳이 강조할 필요는 없다. 의도가 어떻든 듣는 사람은 '나는 어른이니 잊지 마세요.'라는 메시지로 들을 확률이 높다. 또 나중에는 제대로 된 호칭을 불러야 할 것 같은 부담감이 들 수도 있다.

정보라고 해서 많아야 다 좋은 것은 아니다. 새가족은 자신에게 필요한 정보를 수용 가능한 선에서 알려 줄 때 가장 고맙게 느낀다. 그러니 딱히 유익하지 않으면서 부담이 될 정보들은 굳이 미리 알려 주지 않아도 된다. 오히려 시간이 지나 자신을 정말 겸손하게 섬겨 준 분들이 장로님, 권사님이었음을 알게 된다면, 새가족은 진심으로 그분들을 존경하게 될 것이다. 교회의 풍토가 어떠하든 새가족을 대할 때는 조금 더 여유를 가지고 기다려 주는 마음이 필요함을 반드시 기억하라.

11

지난 교회 경력을
무시하지 말라

기존 성도들의 수평 이동은 피할 수 없는 일이다. 이사를 해야 할 수도 있고, 때로 관계의 어려움을 겪으면서 절박한 필요에 따라 교회를 옮겨야 하는 상황이 생기기도 하기 때문이다. 그런데 한국교회는 이런 수평 이동이 너무 잦다 보니 쏠림 현상이 나타나기도 한다. 신앙생활에 화려한 경력을 가진 사람들이 좋다고 소문난 교회에 대거 이동하는 것이다. 그러다 보니 그들이 오히려 교회에 어려움을 주는 일이 종종 있기도 하다. 자신의 봉사 경력이나 신앙 경력을 내세우면서, 새로운 교회에서도 한자리하며 대접받고 싶어 하는 것이다.

그래서 어떤 교회들은 새가족의 신앙 경력을 무시하고 처음부터 다시 교육받아 정착하게 한다. 그만큼 부작용을 많이 겪었기 때문일 것이다. 하지만 그렇다고 그들의 지난 교회 경력을 모두 무시해서는 안 된다. 그들이 가지고 있는 달란트와 풍부한 경험, 봉사 이력이 귀하게 쓰임 받을 수도 있기 때문이다. 그러므로 교회는 이를 선한 의도로 사용할 수 있다면, 새가족에게 길을 열어 주는 것이 좋다.

교회 안에도 텃세가 있다. 부인하고 싶지만 교회에 새로 온 사람이 무언가 열정을 내려고 하면 잘난 척한다며 그를 몰아세우는 교회도 있다. 우리 교회는 절대 그렇지 않다고 생각한다면 그건 착각이다. 강도의 차이는 있으나 이런 일은 교회 곳곳에서, 개인적으로 만나는 소그룹에서도 충분히 일어날 수 있는 일이기 때문이다. 텃세를 부리는 것은 개인적인 행동이므로 언제 어디서든 일어날 수 있는 일이다. 따라서 교회는 이런 부분을 수시로 성도들에게 주지시켜야 한다.

한번은 어디에서도 강사로 모셔도 될 만큼 어떤 한 분야에 뛰어난 실력을 가진 사람이 새가족이 되었다. 그는 신앙도 성숙하고, 정말 유능한 사람이었다. 그러나 대부분의 성도들은 그 사람이 외부에서 어떤 평가를 받는지, 그가 얼마나 실력 있는 사람인지 잘 몰랐다. 그 교회에서 오래 사역해 온 사람은 그 새가족을 오히려 건방지다고 생각하며 은연중에 그를 밀어내기까지 했다.

이처럼 새가족이 가진 달란트를 잘 활용하지 못하면 교회의 손해라고 할 수 있다. 로마에 왔으니 로마의 법을 따르라는 식으로 지난 교회에서의 신앙 경력을 무조건 무시하는 분위기는 좋지 않다. 인성과 태도에 문제만 없다면, <u>새가족의 신앙 경력을 존중하고</u>

하나님께 쓰임 받을 길을 열어 주라. 그러면 장차 교회에도 큰 유익이 될 것이다.

12

등록했다고
안심하지 말라

       사람들은 새가족이 등록 과정을 마치면 드디어 교회를 결정하고 정착했다고 생각한다. 그런데 과연 새가족도 실제로 그렇게 생각할까? 현장에서 수년 동안 새가족을 교육해 온 경험으로는, 교회에 막상 등록했어도 교회에 정착했다고 생각하는 새가족이 그리 많지 않다는 것을 알았다.

  전도사 시절, 하루는 새가족 교육을 잘 마치고 나가려고 하는데, 교육을 받았던 한 새가족이 나를 기다리고 있었다. 그는 나에게 "전도사님, 제가 이제야 이 교회에 정착하기로 마음먹었습니다."라고 말했다. 나는 "아! 네, 잘하셨습니다. 감사합니다."라고 대답했지만 사실 좀 놀랐다. '아니, 등록 카드를 쓰고 한 달 동안이나 교육을 받는데 아직 마음을 결정한 게 아니었어?'라는 생각이 들었다. 그 사람이 좀 특이한 사람일 수도 있겠다 싶었는데, 그 이후 다른 새가족에게서도 그런 이야기를 몇 번이나 더 들었다. 내게 직접 말하지 않았을 뿐이지, 실제로 그렇게 생각하는 새가족이 더 많을 수도 있다. 왜일까?

　등록 카드를 쓰는 과정은 물론 교회에 적극적으로 마음을 붙이는 데 큰 영향을 미친다. 새가족이 마음의 결정을 했다는 뜻이고, 이후 교육을 받으며 한 교회에 정착하겠다는 의지를 보여 주는 과정이기 때문이다. 그러나 냉철하게 생각해 보면 등록 카드는 어떤 법적 효력이 있는 것도 아니고, 그냥 무시해 버리면 그만인 종이에 불과하다. 새가족은 언제든 떠날 수 있다. 그들은 등록하고도 일정 기간 교회를 지켜보면서 이 교회를 계속 다닐지 말지 고민한다는 것을 기억해야 한다.

　일차적으로 등록 카드를 쓰고 일정 부분 마음을 정한 것 같다 해도, 새가족을 오랫동안 신앙생활을 해온 기존 성도들처럼 대해서는 안 된다. 이제 등록도 하고 교육도 받아 구역에 배치됐으니 부담 없이 아무렇게나 대해도 된다고 생각해서는 안 되는 것이다. 그들은 완전히 마음을 열고 정착할 때까지는 아직 손님 같은 마음으로 주저하고 있으며, 여차하면 나갈 수 있는 완성된 상태가 아님을 염두에 두어야 한다. 새가족은 등록하는 순간 완전한 가족으로 정착한 게 아니다. 단지 스스로 첫발을 내디딘 것뿐이다. 그들은 언제든 떠날 준비가 되어 있다. 그만큼 교회를 조심스럽게 살피고 있으며 안심하지 못하고 있다는 것을 기억하라.

13

세상에는 더 좋은 곳이 많다는 것을 잊지 말라

하나님을 알고 교회를 좋아하는 성도에게는 주일날 교회에 나가는 것이 기쁨이고 당연한 일이다. 가족과 외식을 하거나, 여행을 가거나, 사람들을 만나면서 주말을 즐길 수도 있지만, 주일마다 교회에서 시간을 보내는 이유가 무엇인가? 하나님의 은혜와 사랑이 얼마나 대단한지를 알기에, 그 무엇보다 신앙생활, 교회 생활에 우선순위를 두는 것이다.

그러나 새가족은 조금 다르다. 특히 초신자들에게 교회는 그다지 매력적인 곳이 아니다. 세상에는 더 좋은 곳이 많기 때문이다. 편안한 의자에 환상적인 음향 시스템을 갖춘 영화관, 친절한 미소로 주문을 받는 패밀리 레스토랑, 즐거운 놀 거리를 제공하는 놀이공원 등 화려한 시설에 고객을 왕처럼 모시고 즐거운 서비스를 제공하는 곳이 세상에는 즐비하다.

그런 곳들에 비하여 교회가 그렇게 환상적인 시설을 갖추고 좋은 서비스와 재미를 선사하는가? 그렇지 않다. 우리가 할 수 있는 일은 "우리 교회가 옆 교회보다 좋아요." 정도의 말뿐이다. 사실상 우리의 경쟁 상대는 옆 교회가 아니라, 볼거리, 먹을거리, 놀 거리 등을 제공하는 다양한 문화 공간과 아름다운 자연 경관을 볼 수 있는 리조트일 수도 있다. 그런데 우리는 초신자가 여러 교회 중에서도 우리 교회를 선택했다는 사실에만 집중한다. 실은 화려하고, 편리하고, 재미있는 세상의 모든 것을 밀어내고 교회를 선택했다는 사실에 초점을 맞추어야 하는데 말이다.

초신자들은 더 좋고 더 즐거운 것을 뒤로한 채 하나님을 알고 싶어 교회에 온 사람들이다. 우리가 경험한 믿음, 소망, 사랑, 희락, 화평, 기쁨과 같은 것들을 전혀 모르면서도 이 자리에 나온 것이다. 교회에 출석하기 위해 늦잠도 포기하고, 여행도 포기하고, 차비까지 들여서 이 낯선 곳에 방문했다는 것은 정말 엄청난 용기를 냈다는 뜻이다.

그들은 영적인 것이 무엇인지 잘 모르지만 그래도 무언가를 기대하며 온 사람들이다. 눈에 보이는 손해를 감수하고서라도 눈에 보이지 않는 영적인 것들을 갈구하고 있는 것이다. 우리는 믿음이 무엇인지, 소망이 무엇인지, 사랑과 희락, 화평이 무엇인지 다 알기에 세상의 좋은 것들을 쉽게 뒤로하고 교회에 나올 수 있지만, 초신자들은 그러기가 쉽지 않다.

그렇다고 세상의 화려함을 흉내 내어 멋진 건물을 짓고, 세상에 뒤지지 않도록 모든 것을 갖추라는 말이 아니다. 우리는 눈에 보이는 손해를 감수하고 세상의 좋은 것들을 포기하고서라도 주일날 교회에 온 그들을 얼마나 귀히 여기며 인정해 주었는지 뒤돌아봐야 한다. 그들이 제 발로 찾아왔다고 무관심하게 굴지는 않았는지 생각해 봐야 하는 것이다.

세상과 교회는 현실적으로 큰 격차가 있다는 것을 알고, 용기를 내어 교회에 나온 그들을 격려하고 지지해 주어야 한다. 영적인 것을 제외하고는 교회의 환경이 세상보다 뒤처진다는 사실을 잊지 말고, 세상 대신 교회를 선택한 그들을 칭찬해 주라.

14

교회의 문화와 의식이
뒤처져 있다는 것을 인정하라

교회는 사람을 이해하는 데 중점을 두어야 한다. 사람을 이해하려면 여러 가지 각도에서 생각해 봐야 하는데, 사람은 우선 시대라는 상황 속에 살고 있다는 점을 인식해야 한다. 신라 시대 사람이 다르고, 조선 시대 사람이 다르다. 중세 시대 사람이 다르고, 현대의 사람이 다르다. 이 다름에는 사회, 문화, 예술, 사상, 정치, 경제적 배경 등 모든 면이 포함된다.

그런데 교회는 시대적 변화에는 관심조차 두지 않고 주로 '마이웨이'(My Way)를 간다. '그저 하던 것이니', '늘 그래 왔으니', '이것이 정답이니', '이것이 전통이니' 등의 이유로 변화되지 못하고 늘 뒤처져 왔다. 어수선한 환경, 구태의연한 교육 방식, 작년도 올해도 달라지는 것이 없는 정해진 패턴들, 촌스럽고 조잡한 인쇄물……. 어디 그뿐인가? 건의 사항은 말해도 전달되지도 않고, 약속은 미루기 일쑤고, 불친절하고…….

이런 상황을 그대로 내버려 둔 채 하나님께 은혜만 달라고 기도

하니 세상에서 보기에는 이상해 보일 만도 하다. 이미 이 뒤처진 환경에 적응해 버린 성도들은, 교회는 변하지 않는 성경 말씀을 따라가는 곳이니 별 상관없다며 이런 문제들을 개의치 않는다. 그러니 전도가 더욱 어려워지는 것이다.

이 시대를 파악해야 새가족의 마음을 붙잡아 줄 수 있다. 최소한 시대를 역행하는 일을 강요함으로 복음의 내용을 듣기도 전에 거부 반응부터 일으키는 일은 막아야 한다. 그렇다고 인간적인 술수로 마음을 끌어서는 안 된다. 그들의 눈높이에 맞추어 복음을 전하고, 변화하자는 것이다. 사도 바울이 아테네인에게 맞춰 주었던 것처럼 말이다. 우리의 믿음이 복음을 위해 순교도 할 수 있을 만큼 순수하고 열정적이라면, 순교까지 갈 필요도 없다. 그저 이 복음을 위해 이 시대에 필요한 변화를 추구하고자 노력하는 것만으로 믿음을 충분히 나타내는 일이 된다.

이 모든 일은 복음을 들어야 하는 자들에게, 교회를 어렵게 찾은 새가족에게 그 어떤 것도 걸림돌이 되어 복음이 귀에 들어가는 것을 방해하지 않게 하려는 것임을 기억하자.

세상은 갈수록 악해지고 타락하고 있다. 눈을 감는다고 이런 세상을 거슬러 이길 수 있는 것이 아니다. 눈을 똑바로 뜨고 교회가 많이 뒤처져 있음을 인정해야 한다. 그래야 한 걸음씩 변화될 수 있다. 복음을 전해야 할 사람들을 교회 안으로 초청하여 그들의 삶에 강한 영향력을 미치려면, 반드시 이 변화가 필요하다.

복음을 약으로 비유하자면, 사람들은 물과 함께 약을 먹고 싶어

하는데, 어쩌면 우리는 밥하고 약을 먹으라고 일방적인 요구를 하고 있는지도 모른다. 새가족에게 교회는 너무 일방적이지 않은가? 영향력 있는 복음을 위해 우리는 다시 한 번 우리가 사는 시대를 읽어 보며 변화를 위한 발걸음을 내디뎌야 한다.

배려
실천하기

모든 성도가
교회의 얼굴임을 알고
행하라

나허약 씨와 너나와 권사의
엘리베이터 소동

　　나허약 씨는 건강이 좋지 않아 늘 약을 달고 살았다. 어지럼증과 두통에 시달리던 그는 아직 40대인데도 이렇게 몸이 약한 자신이 원망스럽고 건강한 다른 사람들이 그저 부러웠다. 그러던 어느 날 나허약 씨는 늘 의기소침하고 활기 없는 그를 지켜보던 한 이웃의 전도로 교회를 다니게 되었다.

　그는 비록 교회 활동을 열심히 하지는 못했지만, 그래도 예배만큼은 빠지지 말아야겠다는 마음으로 매주 꼬박꼬박 예배에 참석했다. 그는 무엇보다 성도들의 활기찬 모습이 참 보기 좋았다. 누가 알아주는 것도 아닌데 늘 밝게 웃으며 열심히 봉사하는 성도들의 모습을 보면서, 자신도 언젠가 건강해지면 저들과 함께 봉사하며 기뻐할 수 있을 거라는 소망을 가지게 되었다.

　매일 무료하게 지내며 우울증으로 힘들어했던 나허약 씨에게 교회는 활력이 되었다. 주 중에도 예배가 있어 집 밖을 나올 명분이 생기니 활기가 생기는 것만 같았다. 그는 곧 마음을 열고 교회에 등록했다. 딱히 흠잡을 일도 없었고, 집 앞에 있는 교회라 다니기도 수월했다. 그런데 등록하고 얼마 지나지 않아 그동안 자신을 고생시켰던 무릎 관절 통증이 갑자기 심해지면서 수술을 하게 되었다. 수술은 그리 어렵고 힘들지는 않았다. 통증이 사라진 것만으로도 다행이었는데, 병원에 입원하니 교회 사람들이 와서 위로도 해 주고 참 감사한 시간을 보냈다.

퇴원 후 나허약 씨는 기쁜 마음으로 첫 주일 예배에 참석했다. 건강이 몰라보게 좋아진 것은 아니었지만, 자신을 챙겨 주는 교회 가족이 생겨 정말 감사한 마음으로 예배를 드릴 수 있었다. 예배를 마치고 교회 복도로 나온 그는 복잡한 사람들 사이를 비집고 간신히 엘리베이터에 탈 수 있었다.

'그래! 이제 다리가 다 나으면 나도 정말 열심히 신앙생활을 해봐야지. 긍정적으로 생각하고 다시 일어나는 거야!' 숨을 고르며 그렇게 마음을 다지던 순간, 엘리베이터 밖에서 갑자기 날카로운 목소리가 들려 왔다. "거기! 거기! 나와요! 젊은 사람이 무슨 엘리베이터야." 나허약 씨는 누구한테 하는 말인가 싶어 주위를 둘러보다가 엘리베이터 문을 잡고 당당히 서 있는 너나와 권사와 눈이 딱 마주쳤다.

너나와 권사의 목청은 카랑카랑 대단했다. 예배당 로비에 가득 찬 사람들의 시선이 동시에 한곳으로 집중되었다. 엘리베이터 안에 있던 성도들까지. 순간 모든 사람의 눈총을 받게 된 나허약 씨는 수치심을 느꼈다. '깁스도 목발도 하지 않았지만 나는 아직 환자인데……. 비록 노약자를 위한 엘리베이터이지만 오늘만큼은 나도 수술한 약자인데…….' 아무리 외치고 싶어도 목소리가 나오지 않았다.

너나와 권사의 기세는 당당했다. 엘리베이터를 기다리는 줄이 길어지자 나허약 씨는 엘리베이터에서 내렸다. 그는 사람들의 시선 때문에 도저히 고개를 들 수가 없었다. 수술받았다는 사실을 아는 사람이 주변에 있다면 정말 좋았겠지만, 그를 아는 사람은 주위에 아무도 없었다. 그 후 그는 교회에 대해 완전히 마음 문을 닫았다. 교회에서 오는 전화도 받지 않았고, 목사님이 심방을 오셔도 그냥 가시라고 거절했다.

●
학창 시절 전학을 해봤던 경험이 있는가? 모두가 친한데 나 혼자만 낯선 곳에 정착해야 하는 그 마음이 어떨 것 같은가? 그런 상황 속에 있다면 무엇보다 친절한 말 한마디, 모르는 것을 알려 주려는 작은 배려, 사소한 도움 하나도 평생 기억에 남을 만큼 크게 느껴질 것이다. 마음만으로는 부족하다. 새가족이 기쁜 마음으로 교회에 잘 정착하길 바란다면, 이제는 모든 성도가 자신이 교회의 얼굴임을 알고 작은 행동 하나에서도 배려를 실천해야 한다.

15

초신자에게 잘하는 교회에
초신자가 온다

대형 교회 중에는 기존 신자를 받지 않는 교회도 있다. 물론 수평 이동이 바람직한 것은 아니지만 나름의 사정이 있어서 그런 것이니 무조건 나쁘다고 할 수도 없는 일이다. 교회 입장에서 보면 예수님을 믿지 않다가 믿게 된 초신자를 얻는 것이 어찌 보면 가장 기쁜 일임은 확실하다.

그렇다면 어떻게 해야 초신자가 많이 오는 교회가 될 수 있을까? 그것은 간단하다. 초신자를 위해 준비된 교회에 초신자가 많이 오게 되어 있다. "우리는 영혼 구원을 위해 초신자들을 환영합니다!"라고 하면서 그들을 위해 어떤 것도 준비되지 않았다면, 초신자는 다시 다른 곳을 찾아 나설 것이다.

초신자는 교회에 대해서 잘 모른다. 세상을 통해 들었다고 해도 모든 것을 안다고 생각해서는 안 된다. 우리는 이슬람에 대해서 수도 없이 듣지만 정작 이슬람 사원에 들어가서는 어떻게 해야 하는지 아는 것이 있는가? 앉아야 하는지, 서야 하는지, 기도는 어떻게 해야 하는지, 음식은 먹어도 되는지, 눈은 떠야 하는지, 감아야 하는지……. 안다고는 했지만 실제로 어떻게 행동해야 하는지, 왜 그래야 하는지 아는 것이 하나도 없게 느껴질 것이다.

마찬가지로 초신자들도 일주일에 예배를 몇 번 드리는 게 맞는지, 예배 때 커피는 마셔도 되는지, 껌은 씹어도 되는지, 찬양은 어디서 듣고 배울 수 있는지, 설교는 누가 할 수 있는지, 주 중에 성도들은 왜 모이는지 아는 것이 없다. 아이들은 어디에 맡겨야 하는지, 봉사는 뭐가 있는지 그저 의문투성이일 것이다.

그렇다면 교회와 성도들은 매일 영혼을 구원하게 해달라고, 초신자를 보내 달라고 기도하지만, 과연 무엇을 알고 도와줄 준비가 되어 있는가? 아무것도 도와주지 않으면서 아는 것이 없다고 초신자들을 무시하고 있지는 않은가? 그저 함께 모여 앉아 심오한 이야기만 나누고 어려운 기도만 하고 있다면, 그건 오지 말라는 이야기와 같다.

우리는 언제 어디서나 아무것도 모르는 초신자를 만나더라도 친절하게 설명해 주고 도와줄 배려의 태도의 가져야 한다. 교회는 시스템적으로 준비해야 하지만, 성도들은 초신자가 모르는 게 많은 것이 너무 당연한 일이고, 무언가 알고 싶어 하는 모습 자체만으로도 정말 귀하다는 마음으로 그들을 도와야 한다. 왜 그런가? 나도 그 자리에서부터 시작했기 때문이다. 그리고 내가 눈물로 기도하며 구원받기를 원하는 나의 아내, 남편, 자녀, 부모님이 이런 모습으로 신앙생활을 시작할 수도 있으니 말이다.

16

환영을 시작하는 곳은 주차장과 마당에서부터다

　　요즘은 교회마다 주차장이 필요한 상황이 되었다. 대형 교회의 경우에는 주차장이 모자라 교회 건물과 멀리 떨어진 곳에 차를 세우기도 한다. 예전에는 교회 건물 안으로 들어와야 교회라는 경계가 시작되었지만, 지금은 교회라는 경계가 주차장에서부터 시작된다. 결국, 새가족을 맞이하는 일은 예배당이나 교회 건물 안에서만 시작되는 것이 아니라, 교회 건물 밖 주차장이나 마당에서부터 시작된다는 인식이 필요하다.

　주차장에서는 서로 먼저 차를 세우겠다고 신경전을 벌이다가 교회 건물 안에 들어와서는 갑자기 친절해진다면 얼마나 가식적으로 보이겠는가? 우리는 주보를 나눠 주는 사람이 가장 먼저 새가족을 마주할 것이라는 선입견을 품고 있다. 이제 그런 선입견을 버릴 때가 되었다.

　교회는 새가족이 편리하게 주차할 수 있는 공간을 마련하는 것이 좋다. 아직 예배도 드려 보지 않았는데 주차할 곳이 없어서 동네를 빙글빙글 돌다가 그냥 돌아가 버리면 안 되지 않겠는가? 간혹가다 주차를 어디에 어떻게 해야 하는지 몰라서 한참 헤매다가 도움을 청할 사람조차 만나지 못해 돌아가 버리는 사람도 있다.

만약 주차할 공간이 많다면 표지판을 잘 갖추어 놓아, 누구나 예배당을 쉽게 찾을 수 있도록 배려해야 한다. 주차 안내자가 있는 경우 새가족은 깜빡이를 켜고 제일 좋은 자리에 주차할 수 있도록 따로 자리를 마련해 주는 교회들도 요즘은 많다. 그렇게까지 할 여건이 되지 않는다고 할지라도, 교회의 상황에 맞게 구석구석 배려하려는 노력을 기울인다면, 새가족이 훨씬 쉽게 예배에 참여할 수 있을 것이다.

비단 주차만의 문제는 아니다. 미국의 경우에는 교회 건물 앞이 아니라 건물로 걸어 올라가는 길에서도 안내 봉사자들이 모든 사람을 환영하며 일일이 악수를 나누기도 한다. 문화적인 차이가 있겠지만, 기존 성도든 새가족이든 누구나 즐거운 환영을 받으면 기분이 좋아지는 것은 사실이다.

우리는 이제까지 너무 고정적인 방법만을 고수해 오지는 않았는지 돌아봐야 한다. 교회 입구에는 언제나 양복을 차려입은 교역자들이 경직된 모습으로 서서 주보를 나눠 주고 있지는 않은가? 이제는 교회의 여건에 맞는 새로운 방법을 찾아보는 것도 좋지 않겠는가?

성도들 또한 교회 마당에서는 그저 분주하게 예배당만을 바라보면서 가는 것이 아니라, 서로서로 인사도 하고 안부도 물어보는 여유가 있었으면 좋겠다. 새가족을 환영하는 일은 건물 안에서 시작되어 건물을 나서는 순간 사라지는 것이 아니다. 교회 마당에서든, 주차장에서든, 혹은 더 확장된 지역 사회에서든 우리는 언제나 새가족을 환영하는 마음을 가져야 한다.

17
교회 안에서 초면인 사람에게는
무조건 친절히 하라

우리는 나와 상관없는 사람에게는 인사를 거의 하지 않는다. 그러나 교회 안에 모인 사람들은 서로 상관있기에 인사를 나누어야 한다. 교회는 주일날 일정한 공간 안에서 함께 예배드리고 생활하는 곳이므로 그 안에 들어온 사람은 모두 하나님, 그리고 교회와 관련 있다고 할 수 있다. 설령 배달을 온 사람이라고 하더라도 교회를 접하며 기독교에 대한 이미지를 느낄 수 있기에 교회와 전혀 상관없는 사람이라고 할 수는 없다.

그런데 우리는 나와 인사를 트지 않았고, 직접 관련이 없다는 이유로, 혹은 초면이라고 해서 교회에서 만나는 사람을 완전히 모르는 사람 대하듯 함께 예배를 드린다. 마치 극장에서 영화를 보고 흩어지는 사람들처럼 말이다. 영화관에서 옆 사람에게 인사를 하거나 화장실에서 만난 사람에게 통성명하는 사람은 없을 것이다. 그런데 교회에서도 그렇다. 예배 중에 설교자가 인사를 나누라고 하면 마지못해 시늉만 하기 일쑤다. 과연 이런 모습이 말씀과 떡을 나누는 공동체가 맞는가? 내가 보고 싶은 영화(설교)만 보고 가는 극장(예배당)에 온 것처럼 수년간 신앙생활을 해오지는 않았는가?

이는 교회가 공동체라는 사실을 잊은 채, 교회는 극장이나 마찬가지라고 가르치는 것과 같다. 그렇게 수개월, 수년을 지내 왔으면서 소리 높여 공동체를 외친들 무슨 의미가 있겠는가?

교회 안에 내가 모른 척해도 되는 사람은 단 한 명도 없다. 한 교회의 성도들은 공동체이자 영적인 가족이다. 내가 처음 보는 사람은 이제 그것을 알아 가고 있는 새가족일 수도 있다. 새가족에게 교회는 극장과 같은 곳이라는 인상을 주지 말고, 교회는 공동체이자 가족이라는 사실을 느끼게 해야 한다. 이는 훈계가 아니라 삶으로 경험해야 하는 것이다.

가급적이면 교회 안에서 만나는 모든 사람에게 미소를 지으라. 그리고 그들에게 친절을 베풀며 따뜻함을 나누라. 그러면 나의 극장(예배당)이 가정으로 변화되고, 모든 사람이 교회를 통해 사랑을 느끼게 될 것이다.

앉는 자리를
고집하지 말라

사람은 보통 도서관에 가도, 영화관에 가도, 교회에 가도 본인의 습성에 따라 자리에 앉는다. 교회에 오래 다닌 사람들은 더더욱 자신이 앉는 자리에 대한 애착이 있다. 그곳에 앉아야 안심이 되어 말씀이 귀에 잘 들어오고 은혜가 된다고 생각하는 것이다. 그런데 자리에 대한 이 애착이 새가족을 기막히게 하는 경우가 많다.

교회에 처음 나온 사람은 자연스럽게 아무 자리나 적당한 곳을 찾아 앉을 것이다. 그런데 교회를 오래 다닌 성도들 중에는 자신의 자리를 지정석처럼 여기고 미리 앉아 있는 누군가에게 "비켜 주실래요? 그 자리는 제 자리입니다."라고 하거나, "뒷줄로 옮겨 주십시오.", "옆으로 비켜 주십시오."라고 하며 상식에 맞지 않는 요구를 하는 사람도 있다. 마치 그 자리를 돈 주고 산 듯 당당하게 말이다. 좌석 번호가 적힌 극장 티켓을 내밀듯 이렇게 너무도 당당하게 상대방을 다른 곳으로 가라고 하는 것은 굉장히 무례한 행동이다.

물론 자신이 늘 앉던 자리에 앉고 싶은 마음은 이해한다. 그러나 다른 사람을 밀어내고 내가 반드시 그 자리에 앉아야 한다는 발상은 말도 안 되는 것이다. 연세가 드신 어르신들이 이런 실수를 자주 저지르곤 한다. 그러나 어떤 경우에도 교회에서 자리 다툼을 하는 것은 정당화될 수 없다.

교회를 오래 다닌 성도라면 당연히 자리를 양보할 수 있어야 한다. 교회는 어떤 자리도 티켓을 발부한 적이 없다. 만약 초신자가 헌금위원의 자리에 잘못 앉았다 하더라도 특별한 표시를 해놓지 않았다면 양보를 요구해서는 안 된다고 생각한다. 헌금위원이 다른 자리에 앉는다고 헌금을 못 거두는 것은 아니다. 그러나 새가족은 일방적으로 자리를 비키라고 하는 순간 마음이 상해 교회를 떠나고 구원을 잃을 수도 있다.

지금 당신의 지정석이 다른 사람을 불편하게 하고 있지는 않은지 돌아보라. 또 무슨 근거로 자리 양보를 요구할 수 있는지 다시 한 번 생각해 보라. 교회에는 높은 자리, 낮은 자리가 따로 없다. 앉아서는 안 되는 사람이 있다는 건 말이 되지 않음을 명심하라. 교회에 상석이 있다고 생각하는가? 내 자리를 양보하지 못하겠다는 마음이 드는가? 그렇다면 신앙을 다시 점검하기 바란다. 지금 당신은 자신이 좌석 티켓을 발부받았으며, VIP석은 자격이 필요하다고 생각하는 왜곡된 교회관을 가지고 있을 수도 있다. 새가족이 신생아라면, 신생아에게 가장 좋은 자리를 주는 것이 당연한 일 아닐까?

19

언제나
밝게 인사하라

여러 교회를 방문하다 보면 그 교회가 어떤지 대번에 알 수 있다. 성도들의 얼굴에 다 나타나기 때문이다. 건강하고 활기찬 교회의 성도들은 표정이 매우 밝고 잘 웃는다. 그러나 침체해 있는 교회의 성도들은 표정이 밝지 못하다. 물론 개인차는 있겠지만 대체로 공통적인 모습을 보인다.

사람들은 누구나 행복하기 원하며 아주 다양한 이유로 교회를 찾는다. 어떤 이들은 위로를 받고 싶어서, 어떤 이들은 사랑을 갈구해서 교회를 찾는다. 어떤 이들은 두려움을 떨쳐 내기 위해서, 어떤 이들은 호기심에 방문하기도 한다. 그 수많은 이유 중 사람들이 교회를 찾는 공통적인 이유는 바로 성도들의 밝은 모습과 미소 때문이다.

그렇다고 위선자가 되라는 말은 아니다. 어떤 날은 정말 힘든 날도 있고, 웃기는커녕 울 수밖에 없는 날도 있다. 그런 날에도 가식적으로 웃으라는 의미가 아니다. "엄마는 교회 마당에서부터 천사가 되고, 집에 가는 차 문을 닫는 순간 마귀가 돼."라는 어린아이의 말처럼 앞뒤가 다른 사람이 되라는 말도 아니다. 그저 무표정하고 무관심한 방문자의 얼굴이 아니라, 주님의 품 안에서 누리는 기쁨을 억누르지 말고 표현하라는 것이다.

언제나 밝게 인사하면 나의 생활에도 활력이 생기고 좋겠지만, 교회에서는 특별히 그것이 섬김이 되고 선한 영향력을 끼칠 수 있음을 기억하라. 새가족에게 성도들의 얼굴은 교회 상태를 보여 주는 거울이자 예수님을 대리하는 얼굴로 보인다. '누가 나만 보고 있겠어!'라고 생각하지 말라. '예외 없이 나도 보인다.'라고 생각하라.

상대방이 마치 "나한테 왜 이래?" 하는 듯한 표정을 짓는다고 해도 굴하지 말라. 그 사람이 다음에 당신을 만날 때는 미소로 답할지도 모른다. 우리는 똑같이 밝은 인사를 받을 목적으로 미소를 지으며 인사하는 것이 아니다. 최소한 교회 안에서 나의 생명력을 확인하고 그것을 표현하며 덕을 끼치기 위해 그러는 것이다. 당신의 미소가 예수님의 얼굴을 더 환하게 만들 수 있음을 명심하고 밝게 웃어 보라.

20

모든 사람에게
예의를 갖추라

　　　　　사람과의 만남에서 예절은 가장 중요한 덕목 중 하나다. 예절은 상대방에게 좋은 인상을 주고, 인간관계를 지속하는 데 중심 역할을 하기 때문이다. 성경은 사랑은 "무례히 행하지 아니하며"(고전 13:5)라고 말하며 사랑의 섬김 안에 반드시 예의가 필요하다고 강조한다. 참사랑은 예절이 함께 있어야 한다. 사랑으로 섬긴다고 하면서 무례하게 행해서는 안 된다.

　새가족을 대할 때 친근감 있어 보이려고, 또는 조금 친해졌다고 해서 예의를 생략하는 경우가 종종 있다. 그러나 그것은 지혜롭지 못한 처사다. 어떤 대형 서점에서는 고객에 대한 지침 가운데 초등학생에게도 반말을 쓰지 않으며, 손님이 책을 오래 보거나 메모를 해도 존중하라는 지침이 있다고 한다.

　<u>상대방 중심으로 배려한다면 나보다는 상대방의 입장에서의 예의를 가장 우선하는 것이 맞다.</u> 새가족을 대할 때도 곧 내 입장에서 상대방이 예의가 있네, 없네 하기보다는 새가족의 입장에서 어

떤 느낌을 받을지를 먼저 고려하는 것이 좋다. 초창기의 새가족은 성도들에게서 어떤 인상을 받건 그것이 개인의 이미지라기보다는 교회 단체의 이미지일 거라고 생각한다. 따라서 항상 정중하게 인사하고, 부드럽고 친절한 언어를 사용하는 것이 좋다.

교회에서 요직을 맡은 사람들은 대부분 여러 가지 봉사를 하느라 주일이 되면 매우 분주하다. 예배를 마치고 식사를 하러 이동하거나 주차장으로 빠져나가는 사람들조차도 분주하다. 그러다 보니 성도들은 서로 정신없이 바빠하며 건성으로 인사를 주고받을 때가 많다. 모르는 사람이 무엇을 물어와도 성의 있게 대답하지 않고 자기 가던 길을 분주히 가는 경우가 대다수다.

새가족은 이런 모습을 보면서 어떻게 느낄까? 교회에는 안정적인 사람이 하나도 없는 것 같다고 느끼지 않을까? 새가족이 보기에는 모두가 다 분주해 보이니 모르는 것을 누구에게 물어야 할지도 모르겠고, 온전히 서서 제대로 여유 있게 대답해 줄 사람도 없을 것만 같다. 지나치는 사람에게 무언가를 물어봐도 매우 건성으로 짧게 대답할 뿐, 얼굴은 이미 다른 곳을 바라보고 있고, 형식적으로 미소를 지으니 차갑게만 느껴진다. 결국, 성도들에게서는 사랑을 느낄 수 없다고 생각하게 된다. 새가족이 이런 인상을 받지 않게 하려면, 아무리 바빠도 예의를 갖추려는 노력이 필요하지 않을까?

새가족을 향해서만이 아니라 교회 내에서 친한 사람들끼리도 늘 적정선의 예의를 지켜야 한다. 특히 너무 거친 언어를 주고받지 않도록 신경 쓰고, 과한 농담은 피하는 것이 좋다. 새가족에게 교회 이미지가 자칫 경박해 보일 수 있고, '시간이 지나면 나에게도 저렇게 대하겠구나.'라고 생각할 수도 있기 때문이다. 이렇게 모든 사람에게 예의를 갖추어야 새가족이 비로소 교회에 대해 신뢰를 느낄 것이다.

21
불편함을
감소시키라

불편한 것을 좋아하는 사람은 아무도 없다. 특히 밑<u>음이 없는 상태인 새가족은 교회 생활을 하는 데 불편한 요소가 있으면 교회에 정착하기 힘들어한다.</u> 교회를 찾아오는 길에서부터 교통 상황, 주차 문제, 예배당의 위치, 주일학교에 아이들을 맡기는 문제, 소음과 불쾌한 냄새, 복잡한 화장실과 높은 계단, 침침한 조명이나 딱딱한 의자, 찾기 힘든 건물 구조 등 교회가 낯선 새가족에게는 이 모든 것이 훨씬 더 민감하게 느껴질 수 있다.

그들이 까다로운 것이 아니라 우리가 익숙해져서 느끼지 못하는 것일 수도 있다. 우리는 눈감고도 찾아다닐 수 있는 예배당과 화장실, 새가족실, 목양실과 같은 곳들이 새가족에게는 눈앞에 있어도 표지판이 작아 찾기 어려운 곳일 수 있다.

집회를 다니다 보면 참 다양한 교회를 방문한다. 그런데 방문할 때마다 예배당이 몇 층인지를 안내해 주는 교역자는 이제까지 단 한 명도 만난 적이 없다. 그래서 나는 매번 교회 건물 앞에 서서 표지판을 찾아보곤 한다. 열 교회 중 다섯 교회 이상은 본당 표시가 없다. 물론 나는 언제나 주차장에서 도착을 알리고 입구에서 사람을 만나지만, 그건 강사들의 경우이고 새가족은 완전히 다른 입장이다.

언제나 안내 봉사자들이 상주할 거라고 생각하지 말라. 그리고 그 안내하는 사람들이 언제나 친절하게 설명해 줄 거라고 생각하지 말라. 주보를 나눠 주는 안내자는 주보를 주기에도 분주하여 누가 새가족인지 알아보지 못할 때가 훨씬 많다.

그럼 어떻게 해야 하는가? 교회를 처음 방문한 사람의 입장에서 교회를 바라보는 게 가장 좋지 않겠는가? 주보나 홈페이지에 나온 약도 표시, 교통 안내, 주차 정보, 입구에서 예배당을 찾는 길, 예배를 마치고 새가족실로 가는 길, 각종 이정표와 안내문, 화장실과 주일학교와의 연계성, 앉는 자리가 너무 좁거나 불편하지는 않은지, 화장실을 사용하기가 불편하지는 않은지, 다리가 불편한 사람들이 오기 힘들지는 않은지 등 다양한 관점에서 최대한 불편함을 감소시키기 위해 노력해야 한다.

물론 어쩔 수 없이 그 불편을 감수해야 하는 작은 교회들도 많다. 그러나 어쩔 수 없는 것들이 아니라면, 조금 더 보완하고 배려해서 나아질 수 있는 부분들은 최대한 고쳐야 한다. 아직 교회에 대해 믿음과 확신이 없는 새가족은 불편한 것이 많을수록 그 교회를 잘 선택하지 않기 때문이다. 그러니 최대한 불편 요소를 줄이는 것이 좋다.

22

호칭에
유의하라

처음 교회를 방문한 새가족을 어떻게 불러야 하
는지도 정리가 필요한 부분이다. 사람마다 호칭을 다르게 부르면
처음 온 사람은 혼란스러울 수 있다.

교회 안에서는 형제님, 자매님이라는 단어가 익숙하지만, 처음
교회에 온 사람은 이 호칭이 이상하게 들릴 수도 있다. 그러므로
초신자에게는 왜 형제님, 자매님이라고 부르는지 설명해 줄 필요
가 있다. 이미 교회 생활을 했던 사람은 이런 호칭에 익숙하겠지
만, 그렇지 않은 사람은 오해의 소지가 없도록 미리 설명해 주고
양해를 구해 부르는 것이 좋다.

만약 새가족이 이미 신앙생활을 했던 사람이라면, 이전에 집사
와 같은 직분을 받았는지 물어보고, 직분을 받았던 사람이라면 그
호칭을 그대로 불러 주는 것이 좋다. 무조건 우리 교회에 들어오면
처음부터 다시 시작해야 한다는 교회도 간혹 있지만, 자칫 초심에
서 다시 시작하자는 의미보다 과거의 신앙을 무시하는 것처럼 보

일 수도 있다. 그러므로 과거에 권사였다면 권사님으로, 집사였다면 집사님으로 불러 주는 것이 무난하고 좋다.

우리는 사실 그 사람이 과거에 어떤 신앙 경험을 했는지 잘 모른다. 우리 교회에는 처음 나왔지만, 어쩌면 나보다 신앙 경험이 더 많고 성숙한 사람일 수도 있다. 그러니 언제나 존중이 필요하다. 내가 이 교회를 더 오래 다녔으니 나보다 모를 것이라고 단정 짓고 대한다면, 상대방은 불쾌감을 느낄 것이다. 초신자라면 모르겠으나 이전에 신앙생활을 했던 사람이라면 예전의 호칭을 불러 주는 것이 제일 좋다. 혹은 '성도님'이나 '선생님' 정도의 호칭이 무난할 수 있다. '아기 엄마'나 '아저씨'와 같은 호칭은 존중의 의미가 느껴지지 않으니 조심하는 것이 좋다.

과거에 나는 초심으로 돌아가 다시 신앙생활을 하고 싶다는 생각으로 새로운 교회에 등록한 적이 있다. 그러면서 굳이 결혼 사실을 말할 필요도, 신학 박사라는 사실을 알릴 필요도 없다고 생각하여 아무 말도 하지 않고 있었다. 그렇게 교회를 다니고 봉사를 했는데 어느 날 한 집사님이 일 년 동안 나를 자매라고 부르시면서 시도 때도 없이 가르치려고 하셨던 기억이 있다. 모든 사람이 그렇지는 않겠지만 누구나 종종 저지를 수 있는 실수다.

교회 안에 들어온 한 영혼, 한 영혼은 모두 소중하다. 그들을 위해 우리는 우리 자신을 예수님을 대신해서 섬기는 사람이라고 생각해야 한다. 그런 마음을 중심에 둔다면 실수를 줄일 수 있고, 존중과 배려가 자연스럽게 넘칠 거라 생각한다. 언제나 새가족이 우선이어야 한다. 왜 그런가? 그들은 아직 교회에서 약자이기 때문이다.

23
말을 중간에
끊지 말라

     새가족에게는 너무 많은 정보를 캐묻기보다는 그들과 자연스러운 대화를 하려고 노력해야 한다. 그렇다면 어떻게 대화를 통해서 그들에 대해 알아 갈 수 있을까? 바로 그들 '스스로' 말하는 정보를 통해서다. 새가족이 스스로 말하게 하려면 우선 그들의 말을 잘 들어 줘야 한다. 자꾸 내가 말하려고 하고 그들이 하는 말은 중간에 끊어 버리면 말을 하기 싫어지기 마련이다. 그것은 예의에 어긋나는 일이기도 하다.

  이제까지 교회에서 새가족을 친절하게 대한 사람들은 대부분이 교회를 오래 다닌 직분자들이나 교회의 핵심 멤버들이었다. 그런데 그들은 많은 것을 알고 있다 보니 말을 듣기보다는 이런저런 사항들을 알려 주기 위해 자신들이 말을 더 많이 한다. 이는 오히려 역효과를 불러오는 행동이다.

  상대방의 이야기를 잘 듣는 것은 대인 관계에 있어서 성공의 열쇠가 된다. 상담에서도 가장 중요한 것이 경청이다. 우수한 세일즈

78 모든 성도가 새가족부대!

맨은 '듣는 명수'라고도 한다. 그렇다면 우리는 복음의 세일즈맨으로서 상대방의 이야기를 잘 들을 줄 알아야 한다.

잘 듣는 일은 상대가 말을 다 마칠 때까지 기다려 주는 데서부터 시작한다. 상대가 이야기하는데 다른 곳을 바라보거나, 휴대 전화나 시계를 보는 행동은 결례다. 이는 대화하기 싫다는 인상을 심어 줄 뿐이다.

상대방의 이야기를 들을 때는 적절한 반응을 하면서 관심을 보여 주는 것이 좋다. 대화를 하는데 나 혼자서 등을 멀찍이 기대어 앉는다면, 자칫 거만해 보이거나 의욕이 없어 보일 수도 있다. 대화에 성의를 가지고 있다는 마음을 보여 주고 싶다면, 작은 태도에서부터 변화하려는 노력이 필요하다.

그런데 말을 중간에 끊지 말라고 해서 아무 이야기도 하지 말라는 것이 아니다. 상대방이 이야기를 마치면 적절한 질문을 던지는 것도 중요하다. 새가족에게는 너무 깊이 있는 질문보다는 자연스러운 질문을 던지면서 그에 관한 정보를 얻고, 그에게 어떤 도움을 줄 수 있는지 파악하는 것이 좋다.

설령 새가족이 경우에 맞지 않는 말을 한다고 해도 그를 무시해서는 안 된다. 단정적인 어조로 "그건 잘못된 것입니다." 혹은 "이렇게 하셔야죠."라고 말하면 새가족은 마음 문을 완전히 닫아 버릴 수 있다.

이단만 아니라면 그가 조금 잘못 알고 있더라도 나중에 수정해 줘도 괜찮다. 그가 교회에 대해, 성도들에게 대해 신뢰를 느끼면 그때 조심스럽게 잘못된 것을 알려 줘도 늦지 않다. 성급하게 부족함을 지적할 필요는 없다. 아직 신뢰가 쌓이지 않은 사람에게서 무시를 당한다면 어떤 기분이 들겠는가? 아마 그 사람은 교회에 나오고 싶지 않을 것이다. 그러니 반드시 함부로 지적하지 말라.

24
약속 시간을
잘 지키라

　　새가족과 친분을 쌓기 시작하면 함께 차를 마시거나 함께 식사를 할 수도 있다. 혹은 구역 모임에 초대할 수도 있다. 그런데 어떤 약속이든 새가족과의 약속은 정말 철저하게 지켜야 한다. 일상적인 만남처럼 약속을 어겨도 쉽게 이해해 줄 거라고 안일하게 생각하지 말아야 한다. 새가족과 만날 때는 되도록이면 약속 시간보다 5분 정도는 먼저 도착하려고 노력하고, 만약 피치 못할 사정이 생긴다면 가능한 한 일찍 알려 주어 그 사람의 스케줄에 차질이 생기지 않도록 해야 한다.

　새가족과 처음 약속을 잡을 때, 그 과정은 새가족에게 있어 교회의 첫인상이 될 수도 있다. 약속 시간을 잘 지키지 않으면 자칫 교회 사람들은 신뢰하기 힘들다거나 무성의한 것 같다는 인상을 심어 줄 수 있으니 무엇보다 유의해야 한다.

　사람은 그 성향마다 중요하게 여기는 것이 다르다. 어떤 사람은 약속 시간을 지키는 일에 너그러운 사람도 있지만, 어떤 사람은 아주 많은 의미를 부여하기도 한다. 회사에서 사람을 뽑을 때 시간에 늦는 사람을 뽑지 않는 이유도 그것 하나로 그 사람의 됨됨이를 파악할 수 있다고 생각하기 때문이다. 그만큼 약속 시간을 지키는 것은 매우 중요한 일이다. 특별히 교회에 처음 발을 디딘 초신자라면 더욱 조심할 필요가 있다.

약속 장소를 정할 때는 새가족이 찾기 쉬운 장소나, 이동이 편한 장소로 배려해서 약속을 잡아야 한다. 교회 안에서 만날 때도 새가족에게는 아직 낯선 곳이니 그를 배려하여 찾기 쉬운 장소로 정하는 것이 좋다. 언제나 나의 입장보다는 새가족의 입장에서 생각해서 약속을 잡고, 미리 도착해서 반겨 주는 것이 매우 중요함을 잊지 말아야 한다. 작은 성의 하나가 사람의 마음을 따뜻하게 할 수도, 실망하게도 할 수도 있다. 그러니 아무리 사소한 일이라고 해도 절대 소홀히 여겨서는 안 된다.

만약 구역에 새가족이 편성되어 만나는 날이라면, 이런 내용을 구역원 모두가 숙지하여 시간을 낭비하지 않도록 해야 한다. 모든 성도가 함께 인식을 전환해야 새가족이 비본질적인 작은 것 때문에 시험 들어 교회를 나가는 일을 막을 수 있다.

25

일방적으로 약속을
변경하지 말라

교회의 일이나 행사는 늘 분주하다. 그 행사의 중심에 있는 사람들은 여러 가지 일이 동시다발적으로 일어나다 보니 서둘러서 일을 처리하다가 때로는 절차를 무시하는 경우가 종종 있다.

교회에서 사역자들 간에 어려움이 생기는 경우도 이와 비슷하다. 마땅히 결정 사항을 알려 줘야 하는 사람에게 알려 주지 않고 그냥 바로 일을 진행하면, 나중에 다른 사람을 통해서 그 사항을 듣게 된 사람은 불쾌할 수 있다. 이러저러한 복잡한 사정에 의해서 변경된 사항이 있는데 그것을 알려 주지 않은 경우도 마찬가지다.

교회에서는 이런 일들이 빈번하다 보니 사람들은 마치 당연히 그럴 수 있는 것인 양 그냥 넘어가거나, 이를 이해하지 못하는 사람은 오히려 비난하기도 한다. 이는 결코 옳지 않은 모습이다. 그렇다고 권위를 지키기 위해 윗사람에게 보고를 잘하라는 의미에서 하는 말이 아니다. 너무 일에만 치우치다가 함께 일하는 사람에게 본의 아니게 상처를 주거나 무시당하는 느낌을 주었으면서, 그런 일을 당연히 여기면 안 된다는 것이다. 당연히 미안해야 하고, 다음부터는 꼭 조심해야 한다.

이런 일들이 빈번해지다 보니 대체로 교회에서 일방적으로 약속을 변경하는 일이 자주 일어난다. <u>약속은 두 사람 혹은 그 이상이 함께하는 것이다. 그렇다면 약속을 조율할 때도 함께 조율해야 함이 당연하지 않을까?</u> 약속을 변경해야 하는 당사자는 마땅히 미안함을 표시해야 한다. 그런데 분주한 교회 생활에 익숙해진 성도들은 교회에서 일어나는 이런 일들은 마치 별일 아닌 것처럼 여기면서 정중한 사과나 양해도 없이 약속이 변경되었다고 일방적으로 통보할 때가 많다.

사회에서는 직장에서 아랫사람에게 통보하는 것이 아니라면 잘 벌어지지 않는 일이다. 그런데 교회에서는 "어머! 수요일에 구역장 모임이 있는 걸 깜박했네. 목요일에 만납시다."라는 식의 통보를 사과 없이 전하는 경우가 많다.

물론 살다 보면 당연히 약속을 변경해야 하는 상황이 생길 수도 있다. 그런데 변경하는 것 자체가 문제가 아니라 일방적이라는 것이 문제다. 만약 피치 못할 사정이 생겼다면, 먼저 연락을 해서 "내가 이러저러한 사정이 생겼으니 정말 미안하게도 약속을 변경해야겠습니다."라고 말하고 서로 다시 약속을 잡는 것이 예의다. 일방성! 이게 바로 문제다. 우리는 익숙하지만 그들에게는 결례가 될 수 있는 것들을 조심하자.

26
새가족의 시간을
귀하게 여기라

교회를 처음 다니는 사람들에게 주일은 휴일이다. 모처럼 늦잠을 자거나, 가족과 외식을 하거나, 여행 또는 취미생활을 했던 시간이 바로 주일이었던 것이다. 그랬던 사람들이 이제는 주일 낮에 교회에 나와 시간을 보내려니 얼마나 부담이 되겠는가? 월요일을 시작하려면 휴식이 부족할 수도 있는데 말이다.

그러나 신앙생활을 오래 한 일반 성도들은 주일 내내 교회에서 시간을 보내는 것에 익숙하다. 아침 일찍부터 여러 가지 봉사를 하고 회의를 하는 일이 너무나도 당연하게 여겨진다. 그들에게 주일은 그저 교회에서 시간을 보내며 예배도 드리고 사람도 만나는 날로 굳어져 있기 마련이다. 그러다 보니 새가족도 주일에 교회에 있는 것이 당연하다고 여기며 실수를 저지르곤 한다.

새가족에게 주일은 신앙생활 연수가 짧을수록 한 번의 예배도 대단한 결단이 필요한 경우가 많다. 예배 때문에 포기해야 하는 것이 많다고 여겨지는 것이다. 이전에 해오던 활동에 제약을 많이 받다 보니 어찌 보면 그들의 입장에서는 당연한 생각일지 모른다. 그런데 교회에서 그들을 대하는 태도는 조금 다르다. 예배 후에 새가족 교육을 받는 것이 뭐가 힘드냐는 듯한 인상을 주기도 하고, 주일에는 당연히 두 번은 예배를 드려야 한다는 압박을 주기도 한다. 아직 교회 생활이 낯선 새가족에 이런 태도는 굉장한 부담으로 작용할 수 있다.

이사를 해서 여러 교회를 돌아보다가, 3개월 만에 어렵사리 한 교회에 정착하기로 마음먹었던 적이 있다. 그런데 모처럼 큰맘 먹고 등록하여 교육을 받으려 하는데, 그 주간에는 교육이 없고 그다음 주에 있다고 하는 것이다. 알고 보니 그 교회에서는 새가족 교육이 매주 있는 것이 아니라 한 달에 두 번 있었던 것이다. 기왕 마음을 먹었을 때는 빨리 마치고 싶은 게 사람 마음인데 의욕이 한풀 꺾이고 말았다.

그다음 주가 되자 나는 교육을 받기 위해 오전 10시 예배를 나갔다. 그런데 예배가 끝나고 보니 시간이 변경되어 교육이 오후 1시에 있다고 집에 갔다가 다시 오라는 게 아닌가? 나는 무엇보다도 그 말을 전하는 교역자의 태도에 당황하고 말았다. 너무나도 아무렇지 않게 집에 갔다가 다시 오라고 하니 이건 무슨 경우인가 싶었다. 나는 그날 오후에 약속이 잡혀 있었다. 설령 약속이 없다 하더라도 '내 집이 어디라고 생각하고 갔다가 다시 오라는 거지? 내가 시간이 남아도는 사람처럼 보이나?'라는 마음이 들 수밖에 없었다.

시간이 바뀌었다면 당연히 나에게 그 사실을 직접 알려 주거나, 주보에 미리 공지했어야 한다. 괜히 허탕을 치거나 시간을 낭비하지 않도록 말이다. 그런데 전혀 미안한 구석 없이 아무렇지 않게 집에 다녀오라고 하는 모습을 보면서 '교회가 참 자기중심적이구나.'라는 생각을 했다.

교역자나 봉사자들에게 주일은 종일 교회에 있는 날이다. 그러니 그들에게는 집에 다녀오든 기다리든 별 차이가 없어 보일지도 모른다. 그러나 새가족은 다르다. 새가족이 앞으로 더 많은 시간을 교회 생활에 투자할지 말지는 새가족 스스로 결정할 일이다. 우리는 새가족의 시간이 얼마나 값진지 존중해 주어야 한다. 그들이 어떤 시간을 쪼개어 교회에 나왔는지 모르기 때문이다.

27

직장에 다니는 사람에게
낮에 전화하지 말라

요즘은 전업주부의 수도 많이 줄었고, 직장을 다니는 사람이 많다. 따라서 낮에 불쑥 전화를 거는 것은 자칫 실례가 될 수도 있다. 새가족에게 관심을 표현하기 위해, 혹은 교회 모임을 소개해야 하거나 기타 용무 때문에 전화를 해야 한다면 이 점을 유의해야 한다.

회사에서 중요한 회의 중이라 전화를 받기 어려울 수도 있는데 행여나 벨 소리 때문에 난처한 상황이 생긴다면, 그 사람은 교회와 관련된 통화에 불쾌함을 느낄 수도 있다. 상대방이 어떤 상황인지 잘 모르기 때문에 무조건 나의 잘못이라고만 할 수는 없겠지만, 시도 때도 없이 전화하는 것은 상대방에게 번거로운 일이 될 수 있음을 주지해야 한다. 늦은 밤에 전화를 하는 것도 결례이지만 낮이라고 해서 아무 때나 내가 좋을 때 전화를 거는 것도 결례다. 그러니 미리 양해를 구하고 통화하라.

가장 좋은 방법은 문자 메시지를 먼저 보내 통화가 가능한지 묻는 것이다. "안녕하세요, ○○교회 ○○○입니다. 잠깐 통화 괜찮으신지요?" 혹은 "편한 시간을 알려 주시면 제가 그때 전화드리겠습니다."라는 식으로 메시지를 보내면 된다. 만약 답장이 없다면 퇴근 시간 정도에 전화를 걸어도 이미 문자를 보냈기 때문에 조금은 덜 실례가 될 수 있다.

물론 직장에 다니지 않는 경우도 비슷하다. 보채는 아이를 간신히 재우고 있다거나, 허기진 상황에서 식사를 하고 있다거나, 급히 외출해야 하는 상황이라면 통화하기 곤란하기는 마찬가지다. 그러니 전화를 받았다면 현재 상대방의 상황을 전혀 알 수 없으니 "지금 통화 괜찮으세요?" 하고 물어보는 것이 우선이다. 만약 괜찮다고 하면 용건만 간단히 말하고, 곤란하다고 하면 나중에 다시 통화하는 것이 좋다.

통화를 시작할 때는 자신이 누구인지 먼저 밝히는 것이 예의다. 요즘은 스팸 전화가 하도 많아서 모르는 번호로 전화가 오면 잘 받지 않거나 받아도 경계할 수 있다. 스팸 전화인 줄 알고 불친절하게 받았는데 대화하다 보니 교회 사람인 걸 알면 얼마나 민망하겠는가? 그러니 통화할 때는 자신이 누구인지, 무엇 때문에 전화했는지 먼저 이야기하는 것이 상대방에 대한 배려임을 잊지 말라.

새가족과 만남을 원할 경우에는 좋은 장소와 시간을 미리 생각하고 통화하는 것이 좋다. 아주 친한 사이라면 통화를 하면서 장소와 시간을 정해도 무방하지만, 친하지도 않은 사람에게 대안도 없이 막연한 제안을 하면 당황할 수 있다. 그러니 찾기 쉬운 장소와 적당한 시간을 미리 제안하여 의견을 묻고 새가족이 편하게 정할 수 있도록 하는 것이 좋다.

새가족은 여러 모로 교회에 대해 좋은 이미지를 갖는 것이 중요하다. 불쑥불쑥 전화를 걸어 상황을 살피지도 않고 자기 할 말만 하면 자칫 무례한 이미지를 줄 수도 있으니 반드시 조심하자.

28
교회를
지저분하게 하지 말라

오래 살림살이를 한 집에 가보면 처음 가본 사람에게는 불필요하고 지저분한 것들이 눈에 많이 띈다. 그런데 문제는 정작 그 집에 사는 사람들의 눈에는 거슬리지 않는다는 것이다. 같은 이치로 교회에 오면 새가족의 눈에만 보이는 지저분한 것들이 있음을 알아야 한다. 우리에게는 일상인 것들이 처음 교회에 온 사람들에게는 좋지 않은 인상을 줄 수 있다. 예배당 여기저기에 마이크와 보면대, 악보가 널브러져 있고, 구석에는 청소기와 지난번 행사에 썼던 플래카드가 둘둘 말려 세워져 있으면 어떨 것 같은가? 주방 앞에는 쓰레기 봉지가 지저분하게 펼쳐져 있고, 각종 음식 재료가 정리되지 않은 채 쌓여 있다면 어떨 것 같은가?

지저분하다는 기준은 저마다 다르다. 그런데 우리는 이미 익숙해서 그러려니 하고 넘어가는 일들이 새가족에게는 눈살을 찌푸리게 하는 일이 될 수도 있다. 이런 문제는 중소형 교회가 가진 또 하나의 약점이기도 하다. 공간이 좁다 보니 마땅히 치울 곳도 없고,

버리자니 아까워 여기저기 쌓아 두는 게 현실인 것이다. 하지만 아무리 사정이 있다고 해도 정리가 필요하다. 교회의 청결을 유지하기 위해서는 새가족과 같은 마음으로 교회를 둘러보며 정리정돈을 하는 게 도움이 될 수 있다.

　나는 집회로 다른 교회를 방문할 때 반드시 새가족실을 둘러보곤 한다. 교회 안에서 위치가 어디인지, 인테리어는 어떻게 되어 있는지 등을 점검해 보는 것이 습관이 되었다. 대부분은 그래도 예배당에서 가장 가까운 곳에 새가족실이 배치되어 있어서 다행이었다. 예배당과 가깝고 찾기 쉬운 곳에 새가족실이 있어야 새가족이 불편함 없이 곧바로 등록하러 갈 수 있기 때문이다. 그런데 배치는 그렇게 잘해 놓았으면서 많은 교회가 실수하는 부분이 있다. 새가족실의 분위기와 정리 상태가 그리 좋지 않다는 것이다.

　한 교회를 방문했을 때, 그 교회의 새가족실도 위치가 알맞고 공간도 널찍했다. 그런데 어쩌면 널찍한 공간이 더 문제가 되었는지도 모른다. 크고 작은 각종 짐들이 새가족실 한쪽에 잔뜩 쌓여 있었기 때문이다. 환영의 의미로 걸어 놓은 플래카드는 오래돼서 그런지 축 처져 있었고, 밝은 분위기여야 할 곳이 뭔가 썰렁하다는 느낌만 주었다. 예배당과 로비는 나름 카페와 같은 분위기로 세련되게 잘 꾸며져 있었지만, 새가족실은 그런 분위기와 상반되게 휑하기만 했다. 아마도 마음을 많이 쓰지 않은 모양이었다.

　이런 경우 무엇이 문제일까? 우선은 짐을 깨끗이 치워야 한다.

교회 행사 후 남은 짐들을 어디 마땅히 놓을 공간이 없어서 그곳에 놓았을 수도 있다. 하지만 그건 우리 사정이다. 우리는 그 짐이 거기에 놓여야 할 이유를 알고 있으나 새가족은 전혀 알지 못한다. 다만 그들은 '나를 창고에서 맞이하는구나.'라고 여길 수 있다. 생각해 보라. 당회장실이 제일 넓다고 짐을 그 방에 넣어 둘 생각을 하겠는가? 그럴 교회는 없을 것이다. 그런데 왜 새가족실은 그래도 되는가? 그만큼 비중이 없다고 생각하기 때문 아닌가?

새가족실도 당연히 로비만큼 비중을 두어야 한다. 비용을 들이기 어렵다면 최소한 불필요한 물건들은 다 치워야 한다. 가장 좋은 방법은 교회 어느 곳이나 정체불명의 짐들을 정리하고 치우는 것이다. 좁아도 정리정돈이 잘된 집이 있듯이 조금만 더 신경을 쓰면 새가족이 상쾌한 마음으로 교회를 다닐 수 있을 것이다.

29

예배당에 음식물 냄새가
배지 않도록 하라

작은 교회에서 특히 유의할 점은 식사 준비를 하면서 음식 냄새가 밖으로 새어 나가지 않게 하는 것이다. 큰 교회는 식당이 멀리 떨어져 있거나 따로 건물이 구별되어 있어서 상관없겠지만, 작은 교회의 경우에는 장소가 협소하고 식당이 붙어 있다 보니 자칫 음식 냄새가 예배당까지 들어갈 수도 있다.

오래전에 집 앞에 있는 작은 교회에 새벽 기도를 나간 적이 있다. 주일날 나가는 교회는 따로 있었지만, 새벽 기도는 가까운 그 교회로 가곤 했다. 그러다가 새벽 기도하는 성도들의 모습이 참 인상적이어서 한번은 주일 예배를 가보고 싶은 마음이 생겼다.

예배당도 아담하면서 깨끗했고, 말씀이나 성도들의 분위기도 나쁘지 않았다. 주일 예배를 참석해 보고 만약 괜찮다면 그냥 그 가까운 교회를 다닐 마음도 있었다. 그렇게 좋은 마음으로 주일날 예배당에 들어섰는데 예배가 시작되고 얼마 지나지 않아 어디선가 된장찌개 냄새가 솔솔 나기 시작했다. 그러더니 설교를 시작할 즈음에는 예배당 가득 된장찌개 냄새가 진동했다.

예배당은 2층이었는데, 아마도 1층에 식당이 있었던 모양이다. 1층에 식당이 있는지 몰랐다가 음식 냄새 때문에 주일날 아침에 확실히 알게 된 것이다. 예배를 드리는 내내 나는 내가 식당에 와 있는 건지, 예배당에 와 있는 건지 잘 모르겠다는 생각이 들었다. 내 마음을 편하게 해줬던 아담하고 정갈한 예배당에 대한 이미지가 모두 깨져 버렸다.

물론 성도들은 마음속으로 '오늘 점심 메뉴는 된장찌개군. 맛있겠는데?'라고 기대하는 마음이 들었을지도 모른다. 하지만 처음 방문한 나는 전혀 아니었다. 경건하고 은혜로운 예배를 상상했던 내 기대는 물거품이 되었고, 된장찌개 냄새만 기억에 남게 되었다. 나는 그때 음식 냄새가 예배에 무척 방해가 됨을 알았다.

앞서도 언급했던 것처럼 교회에 오래 다닌 사람의 눈에는 익숙해서 보이지 않는 것들, 무뎌진 것들이 있다. 이미 상황을 이해하고 있어서 문제로 여기지 않고 고쳐야 할 필요성을 못 느끼는 것이다. 교회가 지저분한데도 본인들은 지저분한지 모르고 지내는 것처럼 냄새도 마찬가지다. 본인들에게는 익숙한 냄새가 누군가에게는 역겨운 냄새가 될 수도 있다.

만약 교회가 규모가 작아 식당이 가까이 있을 수밖에 없는 상황이라면, 무방비 상태로 어쩔 수 없다고만 하지 말고 다른 방안을 찾아볼 필요가 있다. 환기를 시킬 수 있는 강력한 팬을 설치하거나, 가능하다면 냄새가 덜 나는 음식으로 메뉴를 조정하는 것도 한 방법이다. 예배 시간을 피해서 음식을 만들거나 미리 환기를 시키는 방법도 있다.

어렵게 교회에 나온 사람, 혹은 교회에 호감을 느끼고 나온 사람들이 하나님을 만나기 전에 음식 냄새부터 먼저 만나는 것은 바람직하지 않다. 작은 배려가 교회에 오고 싶은 마음을 막는 장애물을 치워 줄 수 있음을 기억하자.

30

홈페이지나 주보를
잘 활용하도록 도우라

새가족을 직접 만나 교회에 관한 모든 것을 일일이 설명해 주려면 시간도 많이 들고 오히려 상대방도 번거로울 수 있다. 요즘은 교회마다 여러 가지 정보를 볼 수 있는 홈페이지나 인터넷 카페를 운영하고 있다. 그런데 홈페이지 주소나 인터넷 카페 주소를 잘 모르는 새가족이 있을 수도 있으니 이를 알려 주어 잘 활용하도록 도와야 한다. 물론 주보에 당연히 기재하겠지만, 예배 순서 정도만 살펴보고 마는 사람도 있으니 세심하게 알려 주는 게 좋을 것이다.

새가족을 만나서 교회를 소개할 기회가 있다면, 교회 홈페이지를 통해 여러 가지 정보를 얻고 교회 행사에 참여할 수 있음을 알려 주라. 홈페이지를 보면 새가족 교육 일정이나 예배 관련 정보, 교회의 역사와 교역자들에 대한 정보도 얻을 수 있다. 그뿐만 아니라 담임목사님께 글을 올릴 수도 있고, 지난 칼럼을 보거나, 과거 행사 사진을 살펴볼 수도 있다. 교구별 인터넷 카페가 있는 경우도 있으니 새신자들은 이러한 인터넷 공간을 통해 교회에 더 많은 관심을 가지고 재미를 붙일 수도 있다. 요즘은 인터넷을 통해 모든 것을 하는 시대가 되었다. 내성적인 사람들은 이런 공간을 통해 교제하는 것을 더 수월하게 여기기도 한다.

홈페이지를 잘 활용하면 교회에 나가지 못했어도 교회에서 어떤 일이 있었는지 알 수 있고, 예전 설교 말씀도 들을 수 있어 아주 유익하다. 홈페이지를 들어가도 회원 가입을 하지 않는 사람이 많은데, 회원 가입을 하면 어떤 유익이 있는지도 설명해 주면 좋다.

그리고 혹시 각 기관별로 따로 운영하는 인터넷 카페가 있다면, 함께 참여해서 교제를 나눌 수 있도록 도와주는 것이 좋다. 휴대 전화와 홈페이지를 호환하여 활용하는 경우도 있으니, 그럴 때도 새가족에게 알려 주어 좀 더 편리하게 교회와 접촉하도록 도우면 좋을 것이다.

주보를 통해서도 필요한 정보를 얻을 수 있다. 헌금을 깜박 잊고 왔을 때는 주보에 나온 온라인 헌금 정보를 통해 헌금할 수도 있고, 광고 사항이나 중요한 행사 정보도 한눈에 볼 수 있음을 알려 주도록 하자.

31
초신자에게는 교회에 관해 모든 것을 설명하라

새가족을 분류할 때 보통 '기존 신자'와 '초신자'로 구분한다. 기존 신자, 즉 기존에 다른 교회에서 신앙생활을 이미 시작했던 사람이 수평 이동했을 경우에도 교회를 옮겼으니 그 교회에서는 새가족이 된다. 애초에 교회를 다닌 적이 없거나 무척 짧게 다녀서 복음이 무엇인지 잘 모르는 사람은 초신자라고 한다.

이때 혼동하지 말아야 할 점은 교회를 오래 다녔으면서도 겸손한 마음으로 자신을 초신자라고 하는 사람들이 종종 있다는 것이다. 교회에서 새가족을 분류할 때는 이런 점을 잘 살펴야 한다. 교회를 10년 넘게 다녔으면서도 본인을 초신자라고 하는 사람을 교회에 처음 나온 사람처럼 대하면 초점을 잘못 맞춘 것이다. 초신자라고 할 때는 그 사람이 교회를 다녀 본 경험이 있는지, 복음은 들어 봤는지를 확인하여 우리가 칭하는 진짜 초신자가 맞는지 확인해야 한다.

초신자임이 분명할 때는 이 새가족은 교회에 대해서 아는 것이

거의 없다고 봐야 한다. 예배가 무엇인지, 왜 예배를 드려야 하는지, 헌금은 왜 하는지, 목사는 누구이고 전도사는 누구인지, 심방은 뭔지, 학습과 세례는 뭐가 다른지, 성경은 왜 여러 가지가 있고 무엇을 읽어야 하는지, 주 중에 소그룹 모임은 왜 하는지 등 아는 것이 전혀 없을 수 있다. 그런 사람에게 아무런 설명 없이 무조건 다 알 거라는 전제로 대화를 하면 초신자 새가족은 당황할 수밖에 없다.

우리는 너무 익숙해서 '이 말을 몰라?' 하고 생각하는 그 말을 초신자는 충분히 모를 수 있다는 전제를 가지라. 그리고 초신자가 의아한 얼굴을 한다면 혹시 아는지 미리 묻고 보충 설명을 해주는 것이 좋다. 처음에는 몰라서 이것저것 물어보지만 본인도 계속 묻기만 하는 것이 민망할 수도 있다. 따라서 초신자를 대할 때는 호칭이나 용어, 기타 교회에서 사용하는 말들을 친절히 설명해 주어야 한다. 초신자를 위한 책자를 선물해 주는 것도 좋은 방법이다.

그렇다고 너무 아무것도 모르는 것 같다는 인상을 주어서는 안 된다. 반드시 상대방의 수준에 맞게 설명하려는 배려가 필요하다. 그리고 초신자에게는 무엇보다도 복음을 듣고 예수님을 그리스도로 영접하게 하는 것이 가장 중요함을 잊지 말아야 한다. 아무리 교회 생활에 대한 지식이 있어도 복음을 듣지 못한다면, 구원을 소유하지 못한 '무늬만 신자'가 될 수 있기 때문이다.

새가족부를 통해 새신자가 영접을 했는지, 안 했는지를 확인하면 좋겠지만, 만약 교육 과정을 다 마치지 못했거나 확인하기 어렵다면, 구역 모임이나 교제를 나누는 성도들을 통해서라도 영접 여부를 확인하고 교역자에게 도움을 받도록 하는 것이 현명하다.

32

교회가 어떤 도움을 주는 곳인지 설명하라

　　이미 교회를 다니던 사람은 교회가 성도에게 어떤 혜택을 제공해 주는지 잘 안다. 그러나 초신자는 혜택이 있는지 전혀 모르고 교회에 와서 자신이 헌금을 하고 예배를 드리는 것이 다일 거라고 생각할 수도 있다. 새가족 사역을 할 때 알게 된 것이 바로 그 점이었다.

　　새가족 교육 중에 한 새가족의 아버님이 돌아가셨다. 그런데 주중에 일어난 일이고, 새가족이 그때는 구역에 소속되지 않아 그 사실을 알 길이 없었다. 주일날이 되어서야 소식을 듣게 된 나는 그 새가족에게 왜 연락하지 않았느냐고 물었다. 그랬더니 미안해서 연락하지 못했다는 것이다.

　　그 새가족은 교회가 그런 것까지 도와주리라고는 생각하지 못했다고 했다. 또 그런 도움을 요청하기에는 자신이 교회에 나온 지 너무 얼마 되지 않았다는 것이다. 우리는 새가족이 교회에 등록하는 순간 그들을 우리의 가족이라고 여기며 대하지만, 그들은 아직 자신이 교회의 구성원이 되기에 부족하다고 느끼고 있음을 알게 되었다. 우리는 이런 점에서 새가족의 입장을 좀 더 배려해야 한다.

구역에 편성되어 더 밀접한 교제를 나누기 전에는 새가족 대부분이 한 달여의 공백기가 있다. 그 기간은 대체로 과도기로 여겨지기 때문에 일회성 심방 정도가 다일 수 있다. 만약 그때 병원에 입원하게 되거나, 가족 중에 어려움이 생겨 도움이 필요하거나, 장례가 생겼다면, 교회가 도움을 주고 함께한다는 사실을 잘 모를 수 있다. 따라서 새가족에게는 교회가 어떤 도움을 주는지 미리 알려 주어야 한다.

새가족부 교육 과정에서도 설명하긴 하지만, 구역에 편성된 이후나 교제를 나눌 때도 개인적으로 어려움이 생기면 교회에 즉시 연락할 수 있도록 미리 알려 주어야 한다. 담당 교역자나 구역장, 정 안 되면 교회 사무실에라도 연락해서 도움을 받도록 해야 한다. 그리고 그것이 미안한 일이 아니라 당연한 일임을 알려 줘야 한다.

언제든지 심방이나 기도를 부탁해도 된다는 사실 또한 구체적으로 알려 주라. 아이가 아플 때, 가족의 전도를 위해, 급하게 도움이 필요하거나 상담이 필요한 경우 등 실제 상황을 예로 들어 설명해 주어야 그들이 교회에 도움을 요청할 수 있다. 이런 과정을 통해 자신의 삶을 교회와 함께 나누는 법을 배우게 되는 것이다. 그런데 점점 이러한 관계적 측면보다는 예배의 감동에만 치중해 버리는 현상이 나타나고 있다. 교회는 삶을 함께 나누고 서로 위로해 주는 공동체다. 균형이 깨졌다면 바로 이 공동체성을 회복해야 한다. 그러면서 새가족이 언제든 교회에 도움을 요청할 수 있도록 편리한 통로를 알려 주어야 한다.

33

주보나 안내지를 통해
교회의 정통성을 알리라

교회를 옮기면서 사람들이 제일 걱정스러워하는 부분은 아마도 그 교회가 이단인지 아닌지의 여부일 것이다. 요즘처럼 이단이 횡행했던 적은 없는 것 같다. 예전에는 간판에 교단을 써넣는 교회가 많아서 크게 문제되지 않았으나, 요즘은 이단도 속아 넘어가기 쉬울 만큼 유사한 간판을 달고 성도들을 현혹하고 있어 큰 문제가 되고 있다. 신앙생활을 아주 오래 한 사람들도 이 교회가 이단인지 아닌지를 구별하기 어려울 만큼 혼란스러운 시대가 되었다.

그렇다면 교회는 무엇을 해야 하는가? 어렵지 않다. 바로 그 궁금증을 해결해 주면 된다. <u>사람들이 걱정하고 알고 싶어 하는 것들을 명확하게 알려 주면 되는 것이다.</u> 그런데 생각보다 교회는 이런 부분에 좀 둔감한 편이다. 교회 입구에 '신천지를 거부합니다.'라고 쓰인 배너는 세워 놓지만, 본 교회가 어떤 교단인지에 대해서는 홈페이지 말고 편리하게 알게 해주는 교회가 그리 많지 않다.

이때 해결 방법은 간단하다. 교회를 소개하는 내용을 주보에 싣거나, 보기 좋은 예쁜 안내지를 만들어 알려 주면 된다. 담임 목회자가 나온 신학교와 이력, 교회의 소속 교단과 같은 교단에는 어떤 교회가 있는지 등 신뢰가 갈 만한 내용과 함께 교회를 소개하는 내용을 넣어, 입구에 비치해 놓고 누구든지 볼 수 있도록 하면 해결되는 문제다. 네다섯 장짜리 소책자를 만들어도 좋다. 맨 앞에 교단에 대한 소개와 교회의 역사, 주일학교 소개, 교육 과정 및 봉사의 종류, 셔틀 버스 노선도나 중요 전화번호 등을 넣으면 중요한 궁금증이 단번에 해결될 것이다.

그리고 성도들도 누군가가 질문했을 때 그 소책자를 보여 주며 설명하면 된다. 이런 것을 만드는 게 어렵다면 주보를 잘 활용하면 된다. 예전에 나는 개인적으로 담임목사의 이력을 주보에 싣는 것을 별로 좋아하지 않았다. 괜히 잘난 척하는 것 같아 보이고, 뭔가 있어 보이려고 애쓰는 것처럼 느껴지기도 했기 때문이다. 그러나 지금은 상황이 달라졌다. 나를 지도하는 영적인 지도자가 어떤 신학교에서 공부했고, 어떤 활동을 하고 있는가를 통해 그 사람이 정통적인 신학 과정을 마쳤는지 확인하는 일이 더 중요한 시대가 된 것이다.

석박사가 중요한 것이 아니라 이단의 여부를 선명하게 가릴 수 있는 정보가 필요하다. 쉽게 해결할 수 있는 부분을 성도들이 말로 설명하기 어렵게 해서는 안 된다. 새가족을 만나면 누구든 언제 어디서나 설명할 수 있을 만큼 확실하게 알려 주는 것이 좋다.

34

우리 교회만
진리인 것처럼 말하지 말라

교회를 사랑하는 것만큼 행복한 일은 없다. 그러나 내 교회를 너무 사랑하다 보면 혹 다른 교회를 깎아내리거나 무시하는 경우가 생길 수 있다. 그래서 우리는 내 교회를 자랑할 때 마치 내 교회만이 옳고 다른 교회는 다 그른 것처럼 말하지 않도록 조심해야 한다. 만약 실제로 그렇게 생각하고 있다면, 혹시 자신이 이단에 빠진 것은 아닌지 돌아봐야 한다.

이 세상에 완벽한 교회는 없다. 그리고 지금은 목회자와 교회에 관련된 문제들이 더욱 지탄을 받는 시대가 되었다. 그렇다고 모든 교회를 비난할 필요는 없다. 사실 목회자로서 지금과 같은 시대에서 사역을 한다는 것은 참 어렵고 두려운 일이다. 나쁜 소식이 화젯거리가 될 때면 정말 가슴이 아프다. 그럼에도 불구하고 듣고 보는 게 다가 아님을 깨달을 때가 많다.

집회를 다니다 보면 경상도, 전라도, 충청도, 경기도 할 것 없이 크고 작은 여러 교회를 접하게 된다. 그런데 여러 교회를 방문하다 보면 정말 시대를 비켜 간 듯한 오래된 찬양과 율동을 하고, 내가 주일학교 시절에나 봤을 법한 플래카드를 걸어 둔, 어떻게 보면 지금 시대와 맞지 않아 보이는 약간은 촌스러운 교회도 많다. 어떤 교회는 세계 어디다 내놓아도 손색이 없어 보일 만큼 멋스럽고 앞서간 교회도 있다.

그런데 정말 기쁜 소식은 시대를 앞서가건 시대에 뒤떨어지건 상관없이 여전히 건강하고 아름다운 교회가 많다는 것이다. 교회의 규모를 떠나서 성도들의 얼굴에 기쁨이 가득하고, 은혜로 눈물이 가득하고, 소망과 열정이 있는 그런 숨어 있는 교회들이 아직 많다는 것이다. 그런 모습을 보면서 참 많이 반성했다. 한국교회가 위기인 것은 사실이지만, 그렇다고 모든 교회가 다 죽어 가고 있는 것은 아니다. 인터넷에 떠도는 소문들로 교회를 모두 매도하기에는 하나님 앞에 최선을 다해 온전해지려고 노력하는 교회들이 아직 많다는 사실 때문에 희망을 품고 돌아온 적이 많다.

지금의 내 교회가 좋다는 것은 아주 좋고 행복한 일이다. 그러나 마치 우리 교회만이 진리이고 다른 교회는 모두 틀린 것처럼 생각한다면, 우리 교회만 좋은 교회이고 다른 교회는 가면 안 되는 교회처럼 여긴다면, 그건 건강한 생각이 아니다. 하나님은 우리로 하여금 이 세상에서 영적인 전쟁을 하게 하실 때 혼자만의 싸움을 하도록 부르지 않으셨다. 작게는 교회 공동체에 소속되어 서로 도우면서 치러야 하는 전쟁으로 우리를 부르셨지만, 크게는 내 교회만 혼자 싸우는 것이 아니라 교회 전체가 함께 싸워야 승리할 수 있는 전투로 우리를 부르셨다.

만약 내 교회만 옳고 다닐 만한 교회라고 생각한다면, 그 수많은 전쟁을 작은 소대 하나가 다 감당하려고 하는 것과 같다. 우리의 적은 옆 교회가 아니라는 것을 명심하라. 우리는 모든 교회가 하나님의 편에 서서 함께 영적 전쟁을 치러야 하는 동료임을 기억해야 한다. 내 교회의 좋은 점, 특별한 점을 자랑하는 일은 좋다. 그러나 다른 교회를 깎아내리고 따돌려서 내 교회의 점수를 올리려는 마음은 갖지 않도록 조심하자.

35

초신자의 경우 통성 기도나 기타 신비적인 것에 대해 미리 설명하라

처음 신앙생활을 시작하는 사람이나 불신자들에게 가장 종교적인 두려움을 심어 주는 모습이 아마도 통성 기도나 방언 기도와 같은 신비적인 모습일 것이다.

한번은 직장인들을 위한 연합예배를 준비하던 중에 외부에서 섭외된 찬양팀이 온 적이 있다. 예배이기는 하지만 장소가 회사 강당이다 보니 직원들의 도움이 필요하여 몇몇 직원들이 자발적으로 도움을 주러 온 상황이었다. 그런데 그 찬양팀이 연습을 시작하기 전에 기도를 하는데, 어떤 이들을 강당이 떠나가도록 방언으로 기도했고, 어떤 이들은 통성으로 울부짖으며 20여 분을 기도했다. 그러자 의자를 세팅하고 도와주던 직원들이 다 도망을 가버렸다. 처음 보는 광경에 무척이나 놀란 듯했다.

함께 준비하던 신앙을 가진 직원들도 "목사님, 너무 심한 거 아니에요?"라고 하면서 무척 놀라 했다. 예상하지 못했던 상황이라 더 당황했겠지만, 나중에 들은 후일담으로는 그때 섬겨 주러 왔던 안 믿는 직원들이 기독교는 원래 그러느냐며 상당히 두려워하며 물어봤다는 것이다.

통성 기도나 방언 기도를 깎아내리는 것이 아니다. <u>새가족, 특별히 처음 교회를 다니고 신앙생활을 하는 초신자에게는 그런 모습이 굉장한 문화 충격일 수 있음을 염두에 두어야 한다.</u> 하나님께 기도하는데 왜 큰 소리로 기도하는지 그들은 잘 알지 못한다. 방언 기도는 말할 것도 없고, 우리에게 익숙한 것들이 그들에게는 모두 너무 놀라운 광경일 수 있기에 그들에게 미리 설명해 주고 이해시켜야 한다. 옳고 그르고의 문제를 떠나서 그런 환경과 상황이 무섭고 싫어서 교회를 멀리하거나, 복음을 들어 보기도 전에 교회를 떠나면 안 되기 때문이다.

새가족은 복음을 듣고 제대로 영접하기까지 시간이 걸린다. 그런데 그 기간에 비본질적인 것들 때문에 시험에 들어서 하나님을 알지도 못하고 떠나는 일이 생겨서는 안 된다. 교회를 한 달 다녔다고 복음을 다 듣고 제대로 영접했다고 할 수 있는가? 그건 모르는 일이다. 제대로 영접하는 데는 생각보다 훨씬 더 많은 시간이 걸릴 수도 있다. 그런데 고작 말실수나 불친절함 때문에, 약속을 지키지 않아 불쾌감을 느껴서, 불편함 때문에 하나님에 대해 제대로 들어 보지도 못하고 교회를 떠나서야 말이 되겠는가?

그렇게 교회에 발을 잠시 디뎠다가 떠난 사람은 "내가 교회에 다녀 봤는데, 교회는 좋은 곳이 아니야.", "내가 가봐서 아는데 믿을 만한 곳이 아니야."라고 말할 확률이 높다. 그 사람을 다시 교회로 데리고 와서 신앙을 양육하기란 예전보다 더욱 힘든 일이 될 것이다. 그러므로 초신자에게는 다른 새가족보다도 더 집중해서 마음을 써야 한다. 그리고 그들이 예수 그리스도를 영접하고 확신하기까지 면밀하게 돌보고, 설명하고, 배려함으로써 그들 앞에 놓인 신앙의 장애물들을 최대한 없애 주어야 한다.

36

새가족의 질문에
모르는 것은 모른다고 하라

가끔 새가족으로부터 내가 잘 모르는 질문을 받을 때도 있을 것이다. 구역에서 교제를 나눌 때나, 우연히 옆자리에 앉았다가, 혹은 점심을 같이 먹다가 새가족이 무언가 궁금한 점을 물어올 때가 있다. 그러면 우리는 당황하곤 한다. 신앙생활을 이렇게 오래 했는데도 대답을 하지 못하면 창피한 생각도 들고, 반드시 대답을 해줘야 한다는 부담감도 생길 수 있다.

그렇다고 당황할 필요는 없다. 성경에 관한 질문이나 교리적인 질문에 대해서는 더더욱 그렇다. 자신 있는 부분이 아니라면 모르는 것은 그냥 모른다고 하면 된다. 혹은 나중에 목사님께 물어보고 다시 대답을 해주겠다고 해도 된다. 물론 그렇게 대답했을 때는 반드시 목사님께 물어보고 연락을 해서 답을 해주어야 한다.

내가 잘 알지 못하는 것을 아는 것처럼 대답하려고 하다가, 우리는 종종 오해를 불러일으키거나 잘못된 지식을 알려 주기도 한다. 새가족의 질문에 대해서 모두 완벽한 대답을 해야 한다는 강박

관념은 버려도 좋다. 그러면 훨씬 부담 없이 낯선 새가족들과 접촉할 수 있을 것이다. 특별히 교회의 역사나 교회에서 있었던 불미스러운 상황들에 대해서 소문을 듣고 물어 오는 새가족이 있다면, 객관적인 역사는 설명할 수 있으나 어떤 사건에 대한 내용은 보는 관점에 따라 확연히 다를 수도 있는 부분이니 조심해서 말해야 한다. 자칫 비관적이거나 부정적인 관점, 자신이 상처받았던 부분에 대해 개인적인 관점을 이야기한다면, 새가족은 자신이 겪지도 않은 일이지만 교회에 대해서 나쁜 이미지를 먼저 가질 수 있다.

그렇다고 거짓말을 하라는 것이 아니다. 다만 부정적 시각을 가진 주관성은 사실과 다를 수 있으니 가능하면 언급하지 않는 것이 더 유익할 수 있다는 말이다. 있던 사건을 없던 것처럼 꾸미라는 의미도 아니고, 나쁜 일을 좋은 일로 둔갑시키라는 의미도 아니다. 내가 당사자가 아니라면 소문에 의해 고착된 나의 주관적 견해를 새가족에게 주입해서는 안 된다는 말이다.

어려운 성경적 지식이라면 교역자를 통해 더 정확한 내용을 듣는 것이 좋고, 모르는 일에 대해서는 잘 몰라서 미안하다고 하면 그만이다. 어떤 질문이든 자신이 아는 만큼 정직하게 이야기하고, 주관적인 판단을 선입견으로 심어 주지 않는 것이 좋다.

37

부정적인 것을
말하지 말라

　　새가족과의 만남에서는 절대로 부정적인 말은 하지 말아야 한다. 그것이 교회에 관한 것이든, 성도들에 관한 것이든, 어떤 상황에서도 부정적인 말은 도움이 안 된다. 언제나 긍정적인 면에서 말하며 이해시켜야 하는 것이다.

　　바나바는 긍정적으로 사역했기 때문에 바울을 얻을 수 있었다. 모든 사람은 바울을 멀리하고 부정적으로 바라보았지만, 바나바는 바울의 긍정적인 면을 바라보고 그를 사람들에게 인도했다. 그렇게 바울을 얻을 수 있었던 것이다. 하나님의 귀한 일꾼을 얻는 일은 긍정적인 사람만이 받는 하나님의 축복이므로 이 점을 잘 알고 대해야 할 것이다.

　　대화를 나누다 보면 여러 가지 화제를 가지고 이야기할 수 있다. 처음 만난 사람과는 그리 깊은 이야기를 나누지 못하지만, 만약 여러 번 만나 교제할 수 있다면 우리는 더욱 다양한 이야기와 교회의 상황에 대해 대화를 나눌 기회가 있을 것이다. 그럴 때 화젯거리가 부정적인 내용이면 본능적으로 일상적인 나의 판단과 언어들이 나와 문제가 될 수 있다.

물론 틀린 말은 아닐 수도 있으나 회의를 품게 하는 이야기를 새가족과 할 필요는 없다. "교회가 다 똑같지 뭐, 다른 게 있나?", "목사라고 별수 있겠어요? 목사도 사람인데 기대하지 마세요.", "아휴, 이제 하나님의 연단의 길만 남았네.", "신앙생활을 하면 더 힘들어요. 하지 말아야 할 것도 많고 불편하죠." 이 말들이 다 틀렸다고 할 수는 없다. 그러나 다 옳다고 할 수도 없다. 이런 대화에는 자신의 세계관과 일상의 언어들이 고스란히 나타나게 된다. 그런데 과연 이런 이야기가 신앙생활에 도움이 될까? 어쩌면 열정적으로 사는 세상 사람들보다도 못한 생각과 표현일지 모른다.

그렇다고 우리 교회가 마치 천국과 같이 무결점의 완벽한 교회라고 말하라는 것이 아니다. 굳이 새로 온 기대감이 있는 사람들에게 부정적인 생각을 물들일 필요는 없다는 것이다. 우리는 마치 기대감이 없는 것이 경력 많은 사람의 모습인 것처럼 착각하기도 한다. 모든 것을 다 아는 것처럼 닳고 닳은 모습을 보여 주는 것이 성숙하고 어른스러운 모습인 것처럼 혼동하기도 한다. 이는 성숙하고 어른스러운 모습이 아니라 믿음과 열정이 식어 버린 것이다. 그리고 아직 성화되지 못한 자신의 부족함을 조심성 없이 전달하는 것이다.

교회는 완벽하지 않다. 새가족은 교회에 와서 시험 들 일도 많을 것이고, 성도들과 부딪히기도 할 것이다. 그러나 우리도 그러면서 성장해 왔고, 이는 합력하여 선을 이루시는 하나님의 은혜 속에서 얼마든지 믿음으로 이겨 내며 좋은 열매를 맺어 갈 수 있는 영역이다. 따라서 나의 잘못된 가치관을 심어 주는 부정적인 이야기를 할 필요는 없다.

지금의 한국교회를 아름답고 멋지다고 여기는 사람은 없을 것이다. 부끄럽고 어려운 시간을 보내고 있지만, 그렇다고 모든 소망이 다 끊어진 것은 아니다. 주님의 은혜로 회복되어 갈 것이고, 보이지 않는 곳에서 아름답게 사역하는 수많은 사역자를 통해 다시 일어날 것이다. <u>어떤 일이든 보는 관점에 따라 절망이 될 수도 있지만, 소망이 될 수도 있음을 기억하자.</u>

38

하나님을 논리로
완벽히 설명하려 하지 말라

신앙생활을 아무리 오래 한 사람이라도 하나님을 완벽하게 단정하고 설명할 수는 없다. 그 어떤 신학자도 마찬가지다. 하나님은 인간의 머리로 이해하거나 소화해 낼 수 있는 크기의 분이 아님을 알아야 한다. 더 큰 확신을 주기 위해 내가 알고 있는 하나님에 대한 지식을 단정적으로 새가족에게 심어 주는 것은 좋지 않다.

물론 성경에서 말하는 하나님의 모습, 내가 경험한 하나님의 성품에 대해서는 말할 수 있다. '하나님은 좋은 분', '하나님은 우리를 인도하시는 분'과 같은 표현은 가능하다. 그러나 "하나님은 그런 것을 용납하시는 분이 아니에요."라는 식의 단정적인 표현은 곧바로 논리적인 한계에 부딪힐 것이다.

하나님은 인간의 논리로 설명할 수 없는 분이시다. 그리고 그것 그대로 믿는 것이 믿음이다. 요즘 들어서 창조과학이라는 영역이 한참 논쟁이 되고 있다. 한때 창조과학을 통해 하나님의 천지 창조와 노아의 방주 사건, 기타 고고학적인 사건에 관한 증거를 대며 지구의 연대를 계산하고 설명하여 환호를 받았던 때가 있다. 물론 그렇게 증명이 되어 하나님의 일하심이 드러나면 감동이 되고 더 믿어지는 것은 사실이다. 그러나 결국 또 한계를 드러내며 과학적으로 옳고 그름의 논쟁에 빠지고 말았다. 사람들은 믿기 어려웠던 것을 과학적으로 설명해 주는 것에 환호했지만, '과학으로 증명이 안 되면 믿지 못하는 것인가?'라는 의문에 빠졌다.

기독교는 신비를 포함한 종교이지만, 신비만을 추구하는 신비주의가 아니다. 신비적 요소를 배제하고는 알 수 없는 분이 바로 우리가 믿는 하나님이시다. 인간의 머리로 이해할 수 있는 것만 믿는다고 한다면, 우리는 결코 성경의 모든 내용을 믿고 신뢰할 수 없다. 4살짜리 어린아이가 아버지를 믿고 따를 수 있는 것은 아버지가 4살짜리가 감히 상상도 할 수 없는 것들을 생각하고 고민하면서 그 가정을 이끌어 가기 때문이다.

4살짜리가 다 이해할 수 있는 아버지는 없다. 그건 설명한다고 해서 알아들을 수 있는 영역이 아니기 때문이다. 하나님과 인간의 격차는 이보다 말로 할 수 없을 만큼 더 크다. 그런 하나님을 누가 단정적으로 말할 수 있겠는가? 오히려 논리적으로 설명하려고 하다 보면 또 다른 논리에 의해 모순에 빠지고 말 것이다. 그러므로 하나님에 대해서 다 알고 있는 것처럼, 혹은 논리로 완벽하게 설명하려고 하는 것은 오히려 위험한 일임을 알아야 한다.

예를 들면, 삼위일체 하나님에 대해서 우리는 알고 있다. 세 분이신 동일한 하나님께서 동시에 한 분이시라고 하는 것이 삼위일체다. 그런데 이것을 어떤 위대한 신학자도 완벽하게 이해하고 설명할 수는 없다. 왜일까? 아무리 뛰어난 신학자라고 해도 그도 인간이기 때문이다. 그 누구도 인간의 머리로는 저 너머의 하나님을 다 이해할 수 없다. "믿음으로 모든 세계가 하나님의 말씀으로 지어진 줄을 우리가 아나니"(히 11:3)라는 말씀처럼 우리는 믿음으로 하나님을 알아 나가는 것이지, 하나님을 다 알기 때문에 믿는 것이 아니다.

39

교회의 잘못된 모습에 대해 변명을 늘어놓지 말라

대학에서 강의할 때의 일이다. 내가 강의하던 곳은 종합 대학이었는데, 일반 대학도 있었고 신학대학원도 있었다. 나는 신학대학원생들에게도 강의했지만, 일반 대학의 일반학과 새내기들(처음 대학에 들어온 학생들)을 대상으로도 종교 수업을 하나 맡아서 강의를 했다. 100여 명에 가까운 학생들이 전공별로 뒤섞여 있었다. 내가 한 종교 수업은 디자인학과, 경찰학과, IT 계열 학과 등 기독교 수업과는 관련이 없는 다양한 전공의 학생들도 무조건 다 들어야 하는 교양 필수 과목이었다.

그러다 보니 학생들이 수업을 잘 들을 리 없었다. 전공 수업도 아닐 뿐 아니라 무교인 학생도 있었고, 불교인 학생도 있었고, 기독교를 혐오하는 학생도 많이 있었기 때문이다. 그런 학생들을 데리고 한번에 3시간씩 1년을 수업해야 했는데, 여간 힘든 일이 아니었다. 대놓고 엎드려서 잠을 자거나 잡담을 하는 학생, 계속 휴대전화를 보는 학생, 거울을 꺼내 놓고 화장을 하는 학생 등 아주 가관이었다.

수업을 하던 어느 날, 나는 아이들에게 교회에 대해서 비판할 시간을 주었다. "지금부터 너희가 생각하는 교회의 잘못된 모습에 대해서 한번 시간제한 없이 말해 보자."라고 하자 졸던 학생들이 일제히 눈빛이 초롱초롱해지며 손을 들고 이야기하기 시작했다. "교회는 왜 그렇게 교단이 많아요?", "목사는 왜 그렇게 문제를 많이 일으켜요?", "사기 치는 사람들은 왜 다 장로예요?", "교회는 돈이 많아 건물 짓기 바쁘고 이기적이에요." 등 한 15분이 지나도록 그들의 성토는 멈추지 않았다.

15분이 그렇게 길게 느껴진 적은 없었던 것 같다. 욕만 먹으며 혼자 서 있는 그 자리가 참 무안했지만 그들의 눈빛은 달라지지 않았다. 한참을 지나자 질문이 점점 뜸해졌다. "다 끝났니? 더 없어?"라고 묻자 아이들이 나를 주시했다. 아마도 자신들이 말한 것만큼이나 길게, 하나님의 뜻이라며 변명을 늘어놓을 거라고 생각하는 듯했다.

나는 아이들을 정면으로 바라보면서 고개 숙여 인사했다. 그리고 "미안하다. 다 우리의 잘못이다. 목사의 잘못이고, 신자들의 잘못이다. 너희 말이 다 맞다."라고 말했다. 아이들은 흠칫 놀라는 눈치였다. 전혀 예상치 못한 대답을 들어서 그런 것 같았다. "정말 미안하고 잘못했다. 그러나 그것이 하나님이라고 생각하지는 말아 주라. 잘못은 우리가 한 것이지 하나님께서 하신 것이 아니다. 우리는 고치려고 노력할 것이고, 너희는 우리의 잘못된 모습을 보고 도망가지 말고 하나님의 원래 모습과 말씀에 귀 기울여 줬으면 좋겠구나."라고 말했다. 그 이후 아이들의 태도가 확연히 달라졌다. 그들은 진지해졌고, 최소한의 예의를 지키고 관심을 가지기 시작했다.

학기 말이 되면 학생들은 과목별로 강의 평가라는 것을 하게 된다. 강의 평가를 해야 자신의 성적표를 볼 수 있고, 그것을 통해 학교는 각 교수의 강의를 평가한다. 익명으로 쓰기 때문에 정말 욕에 가까운 말을 쓰는 아이들도 적잖이 있다. 그런데 그 학기 강의 평가를 보고 굉장히 놀랐다. "처음으로 기독교에 관심을 가지게 되었다.", "상식적인 크리스천은 처음 봤다.", "잘못을 인정하기만 한다면 관심을 가질 수 있다.", "말이 통하는 크리스천을 만나서 마음이 열렸다." 등 호의적인 평가가 많은 것이 아니겠는가!

세상 사람들이 원하는 것은 아주 단순한 것일지도 모른다. 명백히 잘못으로 보이는 것들은 그냥 인정하는 것, 굳이 하나님의 깊은 뜻이 있다느니, 너희가 모르는 세상이 있다느니 말도 안 되는 변명으로 그들을 대화가 안 되는 사람들로 낙인 찍는 것이 아니라, 상식과 대화가 통하고 이해할 수 있는 모습을 보여 주는 것이 그들의 마음을 여는 가장 중요한 열쇠일 수 있다는 것이다.

때로 새가족이 교회에 대해 불만을 털어놓을 수도 있다. 불특정 다수의 교회와 신앙인들을 공격하며 의문을 제기할 수도 있다. 그럴 때는 방어적인 자세를 취하지 말고 그들의 눈에 보이는 기독교의 약점을 인정하고 반성하자. 그것은 하나님의 문제가 아니라 우리의 문제이니 하나님을 거절하지 말고 우리에게 고칠 수 있는 시간을 달라고 말하는 편이 훨씬 더 낫다.

조금만 더 정직해진다면 어쩌면 불신자들은 우리와 대화하고 싶어 할지도 모른다. 이해하기 어려운 변명을 늘어놓는 크리스천들 때문에 그들의 가슴에 멍이 들어 버렸을 수도 있음을 기억하고 우리가 전하려고 하는 것은 하나님임을 알게 하자. 진짜 하나님을 만나 보기도 전에 교회를 떠나는 일이 없도록 돕는 것이 바로 우리가 해야 할 일이다.

40

사랑과 함께
물질도 나누라

교회에서 성도 간에 마음을 표현할 때 우리는 꼭 말로만 해야 한다고 생각한다. 물질은 세상적이고 나쁜 것으로 여기면서 말이다. 그러나 물질만큼 중요하고 표현하기 좋은 것도 없다. 우리는 물질을 좋아하면서도 마치 그것을 좋아하지 않아야 더 신앙적인 것처럼 생각하여 좋아하지 않는 척, 관련이 없는 척한다. 물론 뇌물성 물질은 좋지 않다. 그러나 그렇다고 모든 물질이 세상적인 것은 아니다.

사랑을 나누기 위해서는 위로와 격려의 말, 친절도 좋지만, 아주 작은 선물이라도 마음이 담겼다면 좋은 사랑의 표현이 될 수 있다. 꼭 많은 돈을 들여서 하라는 것이 아니다. 사랑의 메시지가 담긴 카드 한 장을 줘도 되고, 가까이에 산다면 반찬을 조금 나누어 줘도 되는 일이다. 내가 읽고 감동했던 책이나 필요해 보이는 작은 물건을 선물해도 좋다.

내가 할 수 있는 것은 말뿐이라고 국한하지 말라는 것이다. 그래서 어쩌면 세상 사람들이 크리스천들을 향해 입으로만 모든 것을 하는 사람이라고 비난하는지도 모른다. 우리는 마음으로는 물질을 추구하면서 겉으로는 물질과 상관없는 사람처럼 보이려고 노력한다. 교회에서 성도들과는 형이상학적이고 추상적인 것들만 나누려고 한다. 그래서 오히려 더 진정성 있는 모습을 보이지 못하는 것일 수도 있다.

새가족이 보기에 교회 사람들의 모습 중 어떤 모습이 가장 화나게 하는 줄 아는가? 힘들고 어려울 때 말로는 많이 걱정하는 것처럼 하면서 언제나 그렇게 말만 하는 모습이다. "하나님이 얼마나 크게 쓰시려고 이런 일을 겪게 하시는지 모르겠네요.", "얼마나 힘드세요.", "기도할게요." 등 영혼 없는 멘트는 때로 상처가 되기까지 한다. 자신을 진심으로 걱정하고 있는 게 아니라고 느껴지기 때문이다.

한때 정말 가난한 사역자로 살았던 때가 있다. 먹는 것조차 제대로 해결하지 못할 만큼 어려웠고, 아이의 분유도 간신히 살 정도였다. 대부분의 사람들은 나의 사정을 알고 매주 내게 "힘드시죠?"라고 말했다. 그런데 그 많은 사람 중 유독 한 할머니 권사님이 선명하게 기억난다. 그 권사님은 행상을 하시는 분이었는데, 나를 만나면 언제나 아무 말도 없이 3천 원을 손에 꼭 쥐여 주곤 하셨다. 매주 마음에도 없는 말만 했던 사람들의 표정은 결국 상처가 되었지만, 얼굴조차 마주하지 않고 꼬깃꼬깃한 돈을 꼭 쥐여 주고 도망가

시던 그 권사님의 거친 손은 지금도 눈물겹다.

　손해 보지 않는 겉치레보다는 그것이 시간이든 정성이든 돈이든 나의 진심이 담겨 있는 선물이 강한 사랑의 힘을 가진다. 물질을 나누는 것을 두려워하지 말라. 진심만 담겼다면 아기를 키우느라 반찬 만들 시간도 없는 새댁에게는 작은 그릇에 담긴 멸치볶음 하나도 감동일 수 있다.

41

첫 영적 여정에
너무 무거운 짐을 지우지 말라

작은 교회일수록 새가족이 오면 너무 신기하고 대단한 존재가 된다.

한번은 교회를 여기저기 찾다가 '집 앞의 작은 개척 교회에 나가서 봉사하면서 신앙생활을 할까?'라는 마음이 든 적이 있다. 물론 환경도 열악하고 성도도 20여 명밖에 되지 않지만, 작정하고 나간다면 못할 것도 없다 싶었다. 그런데 막상 나가 보니 그들이 나에게 너무 집중해서 부담이 될 정도였다. 담임목사님은 새가족이 보이는 순간부터 너무 기쁜 마음에 설교도 제대로 하지 못하실 정도였고, 사람들은 나를 쳐다보느라 예배에 집중하지 못하는 것 같아 보였다. 그만큼 작은 교회는 새로 오는 사람이 절박하고 일꾼이 필요하다. 나는 예상을 하고 갔음에도 불구하고 얼마나 부담스럽던지 3주를 나가다가 더는 나가지 않은 적이 있다.

낯선 교회를 방문한 새가족에게는 새로운 환경 자체가 엄청난 스트레스가 될 수도 있다. 그런데 우리는 그 사람이 등록했다는 이유만으로 너무 많은 것을 요구하기도 한다. '이미 우리 교회에 정착하기로 했으니 괜찮겠지.'라는 마음으로 이런저런 봉사를 시키고, 여러 모임에도 나오라고 강권하고, 심지어는 부족한 인력을 채우는 데 동원하기도 한다. 이러면 십중팔구는 도망가게 된다. 교회가 싫어서가 아니라 나에게 집중되는 기대감이나 요청이 너무 많아서 힘든 것이다.

세상에 짐을 더 지고 싶어 하는 사람이 누가 있겠는가? 내 삶의 짐을 좀 내려놓고 싶은 마음으로 교회를 찾는 사람이 많겠는가, 아니면 교회의 짐을 나눠 지겠다고 등록하는 사람이 많겠는가? 당연히 99%는 내 짐을 좀 내려놓고 가벼워지고 싶은 마음으로 교회를 찾을 것이다. 그런데 교회를 운영하는 데 필요하다는 이유로 성급하게 봉사를 시키고, 출석을 강요하고, 모임에 끌고 다닌다면 그건 그 사람을 괴롭히는 일이다.

그러므로 신앙의 첫 여정을 시작하는 새가족에게 너무 무거운 짐을 지워서는 안 된다. 내 생각에는 전혀 짐이라고 느껴지지 않는 권면이라 하더라도 그 사람에게는 부담이 되지 않을지 생각하는 습관을 지녀야 한다. 교회와 공동체는 서로의 짐을 나눠 지는 것이 원칙이다. 그러나 등산을 가면서 어린아이에게 똑같은 짐을 지게 하지는 않는다. 오히려 그 아이의 짐을 어른이 나눠 지고 가듯이 새가족은 교회 차원에서 보면 어린아이와 같은 섬김의 대상임을 늘 기억해야 한다.

42

새가족을 너무 빨리
봉사에 투입하지 말라

새가족이 대형 교회를 선호하는 이유는 문화적인 혜택이 많고, 교회 환경이 좋다는 점, 헌금에서 자유로울 수 있다는 점, 그리고 봉사에 대한 압박감이 적고, 사람들의 지나친 관심에서 자유로울 수 있다는 점이 장점으로 작용한다. 도에 지나친 집요한 관심은 새가족에게 부담을 주어 교회를 떠나게 하는 원인이 되기도 한다.

그런데 현실적으로 대형 교회는 한국 안에서 몇 퍼센트밖에 되지 않는다. 대부분은 중소형 교회이거나 아주 작은 미자립 교회들이 허다하다. 그런 교회들은 대형 교회가 가진 장점을 가질 수가 없다. 교회에 오면 피할 구석 없이 다 노출되고, 성도가 많지 않으니 재정적으로도 넉넉하지 않아 헌금에 대한 부담감도 커진다. 거기에 더 열악한 것은 봉사자 수가 부족하다는 점이다. 인력이 모자라다 보니 한 사람이 여러 가지 일을 하고, 교사는 언제나 모자라 봉사할 인원이 늘 간절히 필요한 상황이다. 그러다 보니 새가족이 오면 반가운 이유 중 하나가 함께 일을 덜어 갈 수 있다는 기대감 때문이기도 하다. 문제는 이것이다.

새가족이 등록하고 조금만 열심을 내거나 정착하게 되면, 더 친해지겠다는 명목으로 너무 빨리 봉사에 참여시키거나 일을 맡기는 경우가 있다. "유치원에서 일하시니 유아부 선생님을 함께 해주세요."라든가 "음식을 잘하시니 주일날 음식을 좀 해와 주세요."라든가 "교사가 부족하니 총무처럼 옆에서 도와주세요."라고 요청한다면, 황금알을 낳는 오리의 배를 갈라서 알을 꺼내는 것과 같은 처사라고 할 수 있다.

새가족은 자신이 먼저 하겠다고 스스로 나설 때까지 기다려 줘야 한다. 일이 많다는 것을 그 사람도 옆에서 보면 잘 알 것이다. 전혀 모른다면 모를까 알면서는 돕고 싶은 마음이 있다면 언제든지 자기도 일을 하겠다고 나설 것이다. 그런데 나서지 않는 사람에게 이것저것을 부탁하면 거절하기도 어려우니 부담감만 안겨 주는 것이 된다.

처음에는 "저도 돕겠습니다."라고 해서 시작했는데, 일을 시켜 보니 정말 잘해서 조금 더 조금 더 하다가 결국 새가족이 일꾼으로 변해 버리는 경우도 종종 있다. 그래서 새가족으로 와서 양육을 받기도 전에 일만 하다가 지쳐 버리기도 한다.

작은 교회는 어쩔 수 없는 절박함이 있다는 것을 잘 안다. 그러나 그렇다고 아직 자라지 않은 싹을 잡아당겨서 자라게 할 수는 없듯이, 아직 영적으로 양육 받지 못하고, 교회의 문화에 완전히 적응하지 않은 사람에게 봉사를 시키는 것은 어리석은 일이다.

물론 교회가 대대적으로 하는 일에는 참여시켜야 한다. 양로원에 가서 봉사를 한다든지, 김장을 한다든지 하는 대대적인 일이나 의미 있는 봉사 활동은 함께하면서 친해지기도 하고 보람도 찾을 수 있다. 그런 일은 알려 주고 함께하자고 권해도 된다.

교회 전체가 하는 일에서 제외되거나 의미 있는 봉사 활동이 있어도 권하지 않으면 오히려 소외감을 느낄 수도 있다. 그러나 한 부서의 일손이 모자라서 그 일에 붙박이로 봉사를 시키는 것은 대단히 성급한 태도다. 아무리 급해도 새가족은 양육이 우선이다. 적응이 우선이다. 그 점을 잊지 말아야 한다.

43

감성적 코드가 안 맞는 경우
다른 사람에게 부탁하라

　　　　때로는 사람이 나쁘거나 서로 싫어하는 것이 아닌데도 대화 코드가 잘 맞지 않고 이상하게 거부감이 드는 사람이 있을 수도 있다.

　오래전 사역을 할 때 한 새가족이 교육을 마치고 구역에 배정되었다. 그런데 구역 리더가 헌신적으로 잘해 주는데도 그 새가족이 리더가 보기 싫어서 괴롭다고 호소했다. 중재를 나서고 설득을 했지만 본인도 어쩔 수 없는 감정으로 힘들어한 적이 있다. 이성적으로는 싫을 것이 없는데 시간이 가면서 감정적으로 점점 싫어져 본인도 괴롭다는 것이었다. 그로 인해 잘 정착하던 사람이 소그룹 모임에 슬슬 빠지기 시작하더니, 결국에는 기대감과 열심마저도 식어 버렸다.

　그 사람과 따로 조용히 만나 오랜 시간 이야기를 나누면서 알게 된 사실은, 구역 리더가 그의 시어머니와 매우 비슷하다는 것이었다. 시어머니와 비슷한 습관과 말투를 가진 리더의 모습에 본인을 힘들게 했던 시어머니의 모습이 투영되면서 거부감이 반복적으로 들었던 것이다.

이 사실을 안 후 나는 그 새가족을 바로 다른 구역으로 편성해 주었다. 이는 누가 옳고 그르고의 문제도 아니고, 좋고 나쁘고의 문제도 아니다. 다만 그 새가족에게 뛰어넘기 힘든 감정적 코드가 있었던 것이다. 이럴 때는 굳이 힘든 문제를 직면하면서까지 혼란을 줄 필요는 없다. 그저 조금 더 편한 사람과 교제를 나누거나 양육 받으면 되는 일이다.

가끔 사람들과 대화하다 보면, 대화 방식이 잘 맞지 않거나 감성적인 코드가 맞지 않아 편하게 교제를 나누기 어려운 대상을 만날 수도 있다. 새가족의 경우도 마찬가지다. 그럴 때는 혹여 내가 그 사람을 맡은 담당자라고 하더라도 대하기 어렵다면 다른 사람이 맡는 것이 지혜롭다. <u>사람은 살아온 경험에 따라 약간 안 맞는 코드가 있을 수 있기 때문이다.</u> 그렇다고 조금만 거슬려도 이 사람 저 사람 가려내라는 것이 아니다. 유난히 맞지 않는 사람이 있을 때는 조금 더 편한 대상을 만나 교회에 잘 정착하도록 돕게 할 필요가 있다는 말이다.

새가족이 갑자기 열정이 시들해지거나 부정적인 변화가 생긴 것 같을 때는 더욱 면밀하게 그들과 대화를 나누어 봐야 한다. 그것이 개인 사정인지, 교회와 관련된 문제인지를 살펴서 만약 교회의 문제라면 흔쾌히 그것을 조정하여 도움을 주어야 한다. 우리에게는 사소한 문제가 교회를 옮기고 정착하려는 그들에게는 아주 큰 걸림돌이 될 수 있기 때문이다.

새가족은 다른 사람에게 불편을 끼치고 싶지 않아 다른 사람에게 이야기하지 않고 조용히 혼자만 고민하다가 교회를 떠날 수도 있다. 그러니 그들이 예의상 하는 말인지, 그들이 진짜 속내가 무엇인지를 잘 이해할 수 있는 사려 깊은 사람이 함께 대화를 나누며 그들의 문제를 해결해 줄 수 있게 해야 한다.

44

담임 목회자와의
만남을 주선하라

새가족이 담임목사님을 자주 마주할 수 있게 하
는 일은 매우 중요하다. 담임 목회자는 새가족을 위해 시간을 구별
해야 한다. 전도하기 위해 우리가 얼마나 애쓰는지를 생각하면 이
시간이야말로 가장 효과적인 전도인 셈이다. 그런 면에서 성도들
은 새가족이 담임목사님을 만나려고 할 때 적극적으로 시간을 배
려하고 안내해 주는 것이 좋다.

대부분의 교회에서는 새가족의 등록 과정을 담임목사님이 직접
맡는다. 그러나 대형 교회는 분주한 담임 목회자를 대신해서 담당
교역자가 새가족을 맞이하는 경우도 많아졌다. 물론 대형 교회는
담임 목회자가 너무 바쁘거나, 새가족이 오는 것이 그렇게 간절하
지 않을 수도 있다. 하지만 원칙적인 면에서 말하자면 새가족이 담
임 목회자를 만나는 일은 가장 중요하다.

담당 교역자를 통해 등록 과정을 마친 새가족이 개인적으로 담
임목사님과 눈을 마주치고 이야기할 수 있는 시간이 전혀 없을 수

도 있다. 새가족이 담임목사님을 만나는 것과 만나지 못하는 것은 큰 차이가 난다. 담임목사님을 만난 경우와 그렇지 않은 경우의 정착 비율이 달라지기 때문이다.

그러므로 만약 새가족이 담임목사님과 만나게 된다면, 만남 시간을 충분하게 누리게 해주어야 한다. 담임목사님과 만났는데 목사님이 너무 분주해 보이면, 새가족은 '이 사람은 억지로 여기에 앉아 있군.'이라고 생각할 수 있다. 차 한잔이라도 마시면서 개인적인 이야기와 교회 생활에 대한 대화를 나눌 수 있다면, 새가족은 교회에 마음을 붙이고 정착해야겠다는 마음이 훨씬 더 많이 생길 것이다.

대형 교회의 경우 새가족 등록 시간에 담임목사님을 만날 수 없다면, 새가족과 교제하는 성도나 구역의 리더가 기회가 될 때 담임목사님께 인사를 시켜 주는 것도 좋은 방법이다. 만약 성도들이 담임목사님을 만나야 하는데 새가족도 목사님을 만나야 한다면, 새가족에게 양보하는 것이 큰 배려가 될 것이다. 새가족은 정착 초기과정만이 아니라 문제가 생겼을 때도 담임 목회자를 쉽게 만나지 못한다. 어쩌면 금방 해결될 수 있는 일인데 혼자 끙끙 앓다가 기회를 놓쳐 버릴 수도 있으니, 가능하면 그 끈이 잘 연결될 수 있도록 돕는 것이 좋다.

교회에 등록할 때 담임 목회자가 직접 만난다면, 단체로 인사하고 마는 것이 아니라 한 사람 한 사람에게 말을 걸어 주고 안부와 인사를 나눠 주는 것이 좋다. 만약 그렇게 담임목사님을 만날 수 없다면 따로 만나 인사를 나눌 기회를 만들어 주라. 그러면 새가족이 교회에 대해 편안함을 느끼고 신뢰가 더욱 쌓여 정착률이 높아질 것이다.

45

여러 방비책을
만들라

우리는 집단속을 할 때 도둑이 많은 지역이라면 훨씬 더 단단한 대비를 한다. 번호키에, 보조키에, 심지어는 경보 시스템까지 동원해서 말이다. 완벽하지는 않지만 대비를 해두면 도둑이 들었을지라도 도움을 요청할(다른 대안을 준비할) 최대한의 시간을 벌 수 있다.

새가족도 마찬가지다. 새가족이 교회를 떠나지 않게 하려면 여러 방비책을 만들어야 한다. 만약 새가족이 새가족부 담당자나 교역자, 구역장 중 한 명과만 연결되어 있다면, 그 연결된 사람이 새가족에게 부담이 되거나 본의 아니게 상처를 주었을 때 새가족이 교회를 떠날 수도 있다. 이는 마치 문단속을 안 하고 문을 그냥 열어 놓은 것과 같다고 할 수 있다.

사람마다 기질이 다르고 성향이 다르다. 좋아하는 사람의 스타일도 다르고 싫어하는 사람의 스타일도 다르다. 새가족 중에는 배정된 바나바가 자신이 정말 싫어하는 타입이어서 교육이나 출석을 거부하는 사람도 종종 있다. 혹은 너무 미흡한 사역자에게서 상처를 받고 교회를 떠나는 사람도 있다.

이런 일을 막으려면 새가족이 <u>자신의 속마음을 터놓을 수 있는 또 다른 통로가 교회 안에 연결되어 있어야 한다.</u> 새가족 담당자나 정착 후 담당 교역자, 구역장, 혹은 봉사를 통해 만나게 될 부장 집사 등 이들 중에서 최소한 두 명 이상이 연결되어 새가족의 마음을 잡아 줄 수 있어야 한다.

사람은 물건이나 기계가 아니므로 똑같이 한다고 모두 성공적일 수는 없다. 따라서 다양한 사람들이 친구가 되어 주어야 한다. 교역자나 새가족 담당자에게만 새가족을 맡기는 것이 아니라, 이제는 모든 성도가 끈끈한 연결 고리가 되어 새가족을 이끌어 주어야 한다.

겹겹이 보완해야 새가족이 빠져나가는 것을 막을 수 있다. 다양한 소그룹 공동체를 통해서도 이것이 가능하다. 흥미 있는 봉사, 또래 모임, 여성도 또는 남성도 모임, 부부 모임, 지역 모임, 취미 모임, 양육 모임 등 어떤 연결 고리도 좋다. 어느 한곳이라도 더 연결되어 있으면 새가족이 정착하는 데 큰 도움이 될 수 있다.

교회 안에는 다양한 성도들이 공존하고 있다. 그래서 어쩌면 더 좋을 수도 있다. 누구 한 명이라도 잘 맞는 사람이 있을 수 있으니 말이다. 모든 사역을 교역자에게만 맡기던 시절은 지나갔다. 교역자 한 사람이 몇십 명, 몇백 명을 맡고 있다면 그 관계성이 얼마나 깊어지고 견고할 수 있겠는가? 결국, 모든 성도가 함께 끈끈하게

연결되어 새가족을 사랑하고 돌보는 가족이 된다면, 그것이야말로
금상첨화인 것이다.

3단계

역지사지 정신 발휘하기

새가족의 마음을 꿰뚫어라

호기심 씨의 등록과
나몰라 집사의 돌변

각종 포털 사이트에는 기독교에 대한 반감이 느껴지는 이야기, 교회에서 생긴 문제에 관한 이야기가 많이 나오지만, 호기심 씨는 그래도 여전히 교회에 관심이 있었다. '뭔가 인생의 큰 문제가 생길 때마다 그래도 종교가 하나쯤은 있는 게 좋지 않을까?'라는 막연한 마음이 있었던 것이다.

그러던 차에 새로운 집으로 이사를 했는데, 마침 근처에 교회가 하나 있었다. 주일이면 차들이 오고 가고 사람들이 북적거리는 통에 가까운 거리에 사는 주민들은 불평을 늘어놓았지만, 호기심 씨는 아무 말도 하지 않았다. 언젠가는 자신도 저 교회에 가보리라는 마음이 있었기 때문이다.

그러던 어느 날, 수능을 앞둔 큰아들이 모의고사를 망치고는 좌절에 빠져 점점 의기소침해지는 모습을 보았다. 가슴앓이를 하던 호기심 씨는 지금이 교회에 나가야 할 때일지도 모른다는 생각이 들었다. 무언가를 의지하면 조금 더 나을지도 모른다는 막연한 생각에, 그는 믿음이 뭔지는 모르지만 그래도 교회에 한번 나가 보자고 마음먹었다.

교회에 첫발을 내디디니 모든 게 낯설기만 했다. 하지만 설교 말씀도 의미 있었고 뭔가 평안함이 깃드는 것 같았다. 신앙의 본질이 무엇인지 아직은 잘 모르겠지만, 그래도 좋은 말씀을 듣고 마음의 평화를 얻는 것이 좋겠다 싶어 어떻게 하면 교회에 등록할 수 있는지 알아보기로 했다.

교회에 나간 지 3주쯤 되자 호기심 씨는 주보를 나눠 주는 사람에게 이 교회의 교인이 되려면 어떻게 해야 하느냐고 물었다. 그러자 그는 매우 기뻐하며 새가족부에서 봉사하는 나몰라 집사에게 호기심 씨를 연결해 주었다. 그는 등록 카드도 작성하고 안내도 받았다. 그리고 한 달여 동안 새가족 교육을 받으며 교회 생활을 시작하게 되었다.

호기심 씨는 교회가 이렇게 친절하고 사랑이 많은 곳일 줄은 몰랐다. 나몰라 집사는 주 중에도 전화를 하면서 호기심 씨의 아들을 위해서도 기도하겠다고 늘 응원해 주었다. 참 고마운 일이었다. 호기심 씨는 교회 사람들이 명절에만 만나는 친척보다 더 가족 같다고 여기며 교회에 다니길 정말 잘했다고 뿌듯해 했다.

그렇게 나몰라 집사의 도움을 받아 새가족 교육을 다 마친 호기심 씨는 이제 조금씩 교회 생활에 익숙해져 갔다. 그러던 어느 날이었다. 여느 때처럼 예배를 드리기 위해 교회 마당을 지나가던 호기심 씨는 나몰라 집사를 발견하고는 반가운 마음에 "집사님!" 하면서 인사를 했다. 그런데 웬일인지 나몰라 집사가 쌩하니 그냥 지나가는 것이 아니겠는가! '나를 못 보셨나?' 호기심 씨는 그날은 그냥 그렇게 넘어갔으나 이상한 일이 또 벌어졌다. 나몰라 집사가 점점 전화도 뜸하고, 만나서 인사를 해도 예전 같지 않았다. 그리고 교회에 가면 그렇게 반색을 하며 반기던 사람들이 이제는 호기심 씨를 만나도 시큰둥했다. 마치 짜기라도 한 것처럼 그들의 태도는 냉랭해져 갔다.

그러던 어느 날, 호기심 씨는 깨닫게 되었다. 그들이 새로 온 새가족에게 모든 관심을 집중하고 있다는 사실을 말이다. 주일날 마주친 나몰라 집사는 또 어떤 새가족을 붙잡고 온 힘을 다해 웃으며 그에게 관심을 집중하고 있었다. 호기심 씨가 지나가든 말든 상관하지도 않고 말이다.

그는 이제 깨달았다. 사람들은 등록을 마치는 순간 돌변한다는 것을, 자신에게 잘해 주었던 건 등록하기까지였다는 것을 말이다. 그 후 호기심 씨는 교회에 나가지 않았다. 사람들의 관심이 호객 행위 그 이상도 이하도 아님을 알았기 때문이다.

●
새가족이 등록해서 어느 정도 정착했다고 생각되면 마음을 놓아도 되는 걸까? 새가족의 입장에서는 그들의 마음을 더 깊이 헤아리고 공감해 주는 것만큼 고마운 일은 없을 것이다. 작은 공감이 그들에게 감동으로 다가갈 수 있다. 역지사지의 입장으로 그들의 자리에 서서 생각해 보면 답이 보이지 않을까?

46
사생활을
캐묻지 말라

현대인들은 개인의 사생활에 대해 보장받기를 원한다. 그런데 현대의 생활은 과거처럼 단순하지 않기 때문에 개인의 삶에 많은 변수가 존재한다. 따라서 개인의 생활에 대해서 초면에 (혹은 아직 친분이 생기지 않은 상태에서) 너무 많은 것을 물어보면 상처가 될 수도 있다.

요즘은 과거보다 이혼율이 매우 높다. 그러므로 남편이나 아내가 없는 싱글들이 많다는 것을 늘 염두에 두어야 한다. 자녀가 있다고 섣불리 "남편은 뭐 하세요?" 혹은 "부인은 왜 안 오셨어요?"라는 식의 단정적인 질문을 던지거나 사생활과 관련된 질문을 하는 것은 피하는 게 예의다. 만약 이혼을 한 사람이라면, 그 사람은 대번에 상처를 받을 것이 뻔하다. 과잉 친절이 무례함을 낳을 수도 있는 것이다.

청년들은 직장 문제에 무척 예민할 수 있다. 교회에 나와 위로와 힘을 얻으려고 했던 사람에게 "너도 백수였어?"라고 물으며 상처를 주어서는 절대 안 된다. 이 세상에 당연한 일이란 없다. 인생을 살수록 그저 그 나이에 맞게 해야 할 일들을 하면서 사는 것이 얼마나 어렵고 위대한 일인지를 절감한다. 학교 갈 나이에 학교에 가고, 취직할 나이에 취직하고, 결혼할 나이에 결혼하고, 아이를 낳아야 할 나이에 아이를 낳는 것이 얼마나 대단한 일인가?

이미 이 시대는 '그래야 할 나이'라는 전제가 없어졌다. 어려운 이 시대에 결혼은 더 힘든 과제가 되었고, 아이를 낳는 것도 쉽지 않은 문제가 되었다. 열정만 있다면 취직할 수 있다는 꿈도 이제는 이루기 힘든 일이 되어 버렸다.

이 시대에 우리가 당연히 물어볼 수 있는 사생활이란 없다. <u>나의 기준, 교회의 기준으로 볼 때는 당연하다고 생각하여 다른 사람의 사생활에 갑자기 개입해서는 안 된다.</u> 우리가 물을 수 있는 것은 기도 제목이다. 기도 제목을 나누는 시간은 교제를 나누며 그들의 사정을 알 수 있는 가장 자연스러운 기회임을 기억하자. 그리고 무엇보다 나의 궁금증 때문에 상처받지 않도록 스스로 말할 때까지 기다려 주는 지혜가 필요하다.

47

동일한 혜택에서
제외되는 일이 없도록 하라

어느 한 교회를 오래 다녔지만, 이사를 해서 사정상 교회를 옮겨야 한 적이 있다. 그래서 4주 동안 예배를 마치고 기다렸다가 새가족 교육을 다시 받아야 했다. 사람들은 줄을 서서 출석부를 확인하고 동시에 녹차를 한 잔씩 받아서 강의실로 들어갔다. 그런데 첫 시간에 남들 하는 대로 따라 줄을 서서 출석을 체크하는데, 그때 마침 봉사자가 다른 집사와 이야기를 나누느라 나에게 녹차 주는 것을 빼먹고 말았다. 나는 그 사람들이 아직 이야기를 나누고 있지만, 나를 봤으니 강의실 안으로 녹차를 가져다줄 줄 알고 눈인사를 하고 들어갔다. 그런데 시간이 지나도 아무도 녹차를 챙겨 주지 않았다.

물론 종이컵에 담긴 녹차 한잔이 맛있는 것도, 대단한 것도 아니지만 왠지 마음이 불편했다. 정말 유치한 일 같지만 다른 사람이 모두 받는 혜택에서 별다른 이유 없이 나만 빠진 것이 유쾌하지는 않았다. 그때 깨달은 것은 "나한테 필요 없는 바가지라도 모든 사람에게 나눠 주는 것이라면 나도 받아야 맞이구나."라는 점이다. 그게 사람의 심리다. 집에 안 먹고 널린 게 녹차이지만, 남들이 다 마시고 있을 때 나는 마실 것 하나 없이 뻘쭘하게 앉아 있으려니 어색하고 기분 좋지 않았다.

교회에서 행사를 할 때, 혹은 새가족과 만남을 갖거나 교육을 받을 때, 아니면 그저 개인적인 모임이나 구역 모임이 있을 때 무언가가 모자라다면, 새가족을 먼저 챙겨야 한다. 그리고 아무리 작은 것이라도 모든 사람이 동일하게 받는 혜택이라면 누구도 빠지지 않도록 마음을 써야 한다.

그것이 물건이든, 관심이든, 전화 한 통이든 비교될 수 있는 상황에서 제외되면 더 많은 소외감을 느끼게 되기 때문이다. 새가족을 대할 때 우리는 마치 처음 입양 온 어린아이를 대하는 것처럼 세심하게 배려하고 관심을 기울여야 한다. 그들은 교회의 약자이기 때문이다. 그 사랑을 받고 성장한 새가족은 또 다른 새가족에게 사랑과 배려를 베푸는 사람으로 변화될 것이다.

48
어려운 종교적 언어를 줄이고
쉬운 말을 쓰라

요즘 언어는 참 많이 바뀌었다. 물론 세대 간의 격차가 훨씬 더 심하기는 하지만 대체로 언어의 변화가 많아진 편이다. 그런데 교회 안의 종교적인 언어는 바뀌지 않는다. 물론 단어를 바꾸는 일은 아마 불가능할 것이다. 하지만 언어가 조금 쉬워질 필요는 있다고 본다. '전지전능하시고', '무소부재하시고', '생사화복을 주관하시고', '신묘막측하신' 하나님이라고 말한다면 교회에 처음 온 사람의 입장에서 과연 누가 알아듣겠는가? 단어적인 의미는 맞지만, 표현은 조금 바뀔 필요가 있다.

나이가 있는 새가족이라 해도 지금 시대의 세상에서 생활하던 사람이 교회에 오면 알아듣기 어려운 말이 너무 많다. 때로 우리는 신앙생활을 오래 했다는 것을 드러내려고 일부러 종교적이고 거룩한 용어들을 나열하기도 한다. 그러면 새가족은 "나는 많은 것을 알고 있어. 너와 나는 달라."라는 차별의 메시지를 받게 된다. 그러니 묻기도 난감하고 넘어가자니 뜻을 모르겠다 싶은 단어들은 나열하지 말라.

아무리 좋은 보약이라도 위장에서 소화가 안 되면 아무 소용없듯이, 그들의 가슴에 남지 못할 말이라면 그게 무슨 의미가 있겠는가? 교회 생활이나 하나님, 진리와 관련된 것을 이야기할 때는 아이들과 대화하는 수준으로 쉽게 이야기하는 습관을 들여 보라. 언어가 소통되지 않으면 내용은 절대 전달될 수 없다. 다만 서로 간에 거리감만 느껴질 뿐이다. 진리를 이해하고 알기도 전에 정서적 거리감만 생기고, 어렵고 지루하다고 느낀다면 어쩌면 나의 말들은 복음을 가로막는 걸림돌이 될 수도 있다.

많이 알고 있는 것처럼 할 필요도 없다. 거룩한 것처럼 할 필요도 없다. 신앙도 결국은 생활이고, 우리는 성도들끼리 함께 신앙을 근본으로 하는 생활을 나누는 것이다. 쉽다고 가볍고, 어렵다고 내용이 꽉 차고 무거운 것은 아니다. 목회자만이 아니라 교회의 직분자들, 그리고 성도들도 본인들이 일상에서 쓰는 언어로 복음과 진리, 하나님에 대해 설명하고 이야기 나눌 수 있어야 한다. 새가족과 함께할 때는 더욱더 쉽고 편한 언어로 대화하면서 서로 간에 어떠한 형식적인 장벽이 없음을 알게 해야 한다. 그렇게 가족은 하나되는 것이다.

49

모든 성도 앞에서
과도한 집중을 받게 하지 말라

　　　　　새가족에게 관심을 갖는 것은 당연히 좋은 일이지만, 때로는 과도한 관심이 그 사람을 도망가게 하는 경우도 있다. 예배 시간에 새가족을 일으켜 세워 손 내밀어 찬양하고 박수를 쳐주기도 하는데, 물론 환영의 의미를 전달하는 데는 매우 효과적이지만, 그 시간이 너무 길다는 게 문제다. 어떤 교회는 찬양을 2절까지 부르기도 하니 말이다.

　모르는 사람들 앞에 서서 1분 이상 서 있는 게 얼마나 민망한 일인지는 당해 본 사람만이 알 것이다. 예배당 모든 사람의 시선을 받는 순간 어떻게 서 있어야 할지, 어디를 보고 있어야 할지 난감하기 그지없다. 만약 초신자라고 한다면 찬양조차도 모르는 상태에서 3분 이상의 시간을 서 있는 것은 참 힘든 일이다. 그러니 그저 환영의 박수 정도만 쳐주거나, 찬양을 하더라도 정말 짧게 부르는 것이 좋다.

　예배에서만 과한 집중이 있는 것은 아니다. 너무 많은 사람이 과하게 관심을 가지면 새가족은 금세 피곤해진다. 같은 말을 몇 번씩이나 반복해야 하기 때문이다. 아무래도 처음 보는 사람들이 나눌 수 있는 대화는 한정되어 있다 보니 여러 명에게서 같은 질문을 받을 수밖에 없을 것이다. 그러나 따뜻하고 친절한 것과 도전적이고 직접적인 관심의 표명은 엄연히 다른 것이다. <u>새가족이 원하는 것은 따뜻함이지 도전적인 관심이 아니다.</u>

어떤 교회는 새가족을 강대상 앞으로 불러내어 꽃 한 송이를 나눠 주는 교회도 있다. 교회의 입장에서는 환대의 의미로, 또 새로 온 사람에게 잘해 주라는 의미에서 그러는 것이다. 그러나 아무 말 없이 강단에 올라 사람들 앞에 서 있어야 하는 새가족에게는 그 시간이 정말 힘든 시간일 수 있다.

이런 일이 생기는 이유는 상대방의 입장에서 생각하지 못하기 때문이다. 의도는 선하고 좋지만 새가족의 입장에서 볼 때 어색하고 불편한 일은 아닌지 다시 생각해 볼 필요가 있다. 교회의 공적인 환영이 필요하다면 그냥 자리에서 일어나 박수 정도만 쳐주는 것이 좋지 않을까 싶다. 그저 밝고 친절하게 대해 주는 정도가 좋지, 처음부터 너무 과도한 집중을 받는 것은 역효과가 날 수 있다.

50
헌금을
강요하지 말라

　　돈과 관련된 문제는 매우 민감한 부분이며, 성도들이 가장 시험에 잘 빠지는 부분이기도 하다. 오랜 시간 동안 신앙생활을 한 사람들도 헌금 문제에만 부딪히면 큰 어려움을 겪고 교회를 떠나기까지도 한다. 그렇다면 새가족에게는 헌금을 어떻게 인식시켜야 할 것인가도 고민해야 한다. 물론 이전에 교회를 다녔던 기존 신자들은 이미 자기 나름의 기준을 가지고 있을 테니 조금 낫지만, 초신자에게는 헌금의 의미와 방법에 대해서 간략하게라도 설명해 주는 것이 좋다. 시험에 드는 예민한 문제라고 해도 뒤로 넘기지 말고 헌금을 왜 하는지, 그 의미가 무엇인지, 어떤 것이 우선순위인지를 알려 줘야 한다.

　특별히 아무런 예고 없이 구역에 편성되어 예배를 드리게 될 때 어려움을 겪는 일이 많다. 교역자들이 따로 설명할 기회도 없거니와, 성도들끼리 모여서 예배를 드리다가 헌금 주머니를 돌리는 일이 있기 때문이다. 미처 헌금을 준비하지 못한 새가족은 당황할 수 있고, 주일날 헌금을 했는데 왜 또 내야 하는지 부담을 느낄 수도 있다.

그럴 때 적절하게 설명할 수 없다면 부담 갖지 말라고 하며 마음을 편하게 해주는 것이 좋다. "우리는 구역에서 이렇게 헌금을 합니다." 혹은 "다음 주에는 헌금을 준비해 오세요."라고 말하기보다는 이 헌금이 어디에 쓰이고, 어떤 의미로 하는 것인지, 그리고 내키지 않을 때는 안 해도 상관없다는 것을 알려 주어야 부담을 느끼지 않을 수 있다.

헌금은 마음의 표현이지 액수가 중요한 것이 아니다. 헌금은 모든 물질이 하나님에게서 왔다는 것에 대한 신앙의 표현이다. 신앙이 좋아질수록 더 많은 봉사를 하고 싶어 하는 것처럼 하나님을 사랑하기 때문에 무언가를 표현하고 싶어지는 것, 그리고 그것이 복음을 전하는 데 사용되기를 소망하는 것이다.

만약 경제적으로 어렵다면 헌금을 안 해도 된다. 어려움에도 불구하고 본인이 감당할 만큼의 분량대로 하는 게 헌금이지, 강요로 하는 것이 헌금은 아니다. 즉, "이것이 원칙입니다!"라고 이야기할 수는 없다는 것이다. 헌금의 문제는 누군가에게 묻기 참 어려운 부분이다. 그러니 곁에 있는 사람이 혹시 눈치를 채면, 그 새가족의 마음을 안심시키고 부담을 줄여 주는 것이 좋다.

51

밥 먹고 가라고
강요하지 말라

　　　　　　식사 교제는 교회의 공동체성을 위해 매우 중요한 부분이다. 그러나 요즘은 교회가 점점 커지면서 봉사자들을 위한 필요 때문에, 또는 다음 예배를 위해 식사가 마련되곤 한다. 그런 면에서 작은 교회의 공동체는 함께 식사하는 것이 좋은 교제의 장이 될 수 있다. 그러나 처음 방문한 사람에게 식사를 하고 가라고 강권하는 것은 별로 효과적이지 않다.

　교회 사람들은 함께 식사하는 것을 좋아한다. 마주앉아 서로 얼굴을 보며 이야기할 수도 있고, 공짜로 제공되는 식사이기도 하고, 예배를 마치고 나면 바로 식사 시간이 되기도 하기 때문이다. 그러나 새가족처럼 방문한 지 얼마 되지 않았거나 처음 방문한 사람, 특히 아직 등록하지 않고 교회를 탐색하는 입장에 있는 사람에게는 식사가 상당히 부담스러운 자리일 수 있다.

　교회를 알아보는 중이고, 아직 결정을 내리지 못한 사람은 익명성을 원하는 경우가 많다. 왜냐하면, 아직 이 교회를 다니기로 결정한 것이 아니기에 대놓고 이들과 친해져야겠다고 생각하지는 않기 때문이다. 새가족은 대체로 예배를 통해서 등록을 결심하게 된다. 처음 만난 성도들과 친해져서 등록을 결심하지는 않는다. 등록한 이후에 성도들과 친해지기는 하지만, 그 이전에는 그저 예배를 통해서 나와 맞는 교회인지를 탐색한다.

이런 경우 밥을 먹고 가라고 강요하는 것은 그 사람이 등록을 결심하거나 마음을 굳히는 데 별로 도움이 되지 않는다. 오히려 다음 주에 안 나오게 될 확률이 높다. 아주 배가 고프지 않은 이상 낯선 사람과 식사하는 자리가 편한 사람이 누가 있겠는가? 오히려 훨씬 더 어색하고 불편할 뿐이다. 내 교회의 밥이니까 교회 밥이 제일 맛있다고 하지 솔직히 나가서 사 먹는 밥이 더 맛있지 않겠는가?

누구라도 모르는 사람들에게 둘러싸여 밥을 먹는 것은 불편한 일이다. 그러므로 거절하기 어려울 만큼 밥을 먹고 가라고 강권하며 팔을 잡아끄는 것은 좋지 않다. 오히려 그 사람으로 하여금 다음 주에는 오고 싶지 않은 마음만 들게 할 수 있다.

새가족에게 식사를 권할 때는 그가 교회에 처음 나온 사람이거나 방문자, 혹은 탐색 중인 사람일지 모르니 가볍게 권하고 바로 접어야 한다. 그 사람이 편하게 응할 때를 제외하고는 그저 식사가 있으니 원하면 함께 드셔도 좋다고 가벼운 권유만 하는 것이 좋다. 만약 등록을 마치고 교회를 다니기로 한 새가족이라면 조금 더 권해도 좋다. 그러나 그것도 강요하지는 말라. 사람들과 아직 친해지지 않은 상태라면 불편할 수 있다. 편하게 함께 먹을 수 있는 사람이 있다면 모를까, 그렇지 않다면 조금 더 익숙해질 때까지 그저 물어보기만 하고, 그 사람의 의견을 존중해야 한다.

그렇다면 교회 방문자나 등록하지 않고 탐색하고 있는 정도의 사람들에게 권할 수 있는 것은 무엇이 있을까? 밥은 앉아서 최소한 20분은 먹어야 하지만 간단한 차 정도는 금방 마실 수 있으니 훨씬 부담이 적다. 따라서 처음 방문한 사람들과 잠깐이라도 교제하기 원한다면 밥을 권하지 말고 커피나 녹차, 아주 간단한 다과 정도를 준비해 놓으면 좋다. 그 정도는 부담 없이 마시고 갈 수 있고, 그 짧은 시간이라도 잠깐 인사를 나눌 수 있으니 교회 입장에서도 좋은 기회가 될 것이다.

52

그들의 필요를
채우라

학교를 전학할 때 아이들은 굉장히 긴장하고 스트레스를 받는다. 그곳이 어떨지, 어떤 선생님이 계실지, 친구들은 잘 사귈 수 있을지, 이전 학교보다 나을지 등에 대한 걱정으로 마음이 편치 않다. 이처럼 새로운 교회에 나간다는 것은 나름대로 큰 마음을 먹었다는 뜻이다. 다시 말해, 그들이 낯선 곳에서 낯선 사람들과 다시 신앙생활을 시작하기로 할 만큼의 어떤 계기가 있다는 것이다. 교회를 옮기는 모든 사람이 이전 교회에서 상처를 입어서 옮기지는 않는다. 생각보다 아주 다양한 이유로 교회를 옮긴다.

어떤 한 지역 교회에 문제가 터져서 교인들이 교회를 옮긴다면 그 지역에서는 그 비중이 무척이나 크게 느껴지겠지만, 통계를 놓고 보면 우리가 생각하는 것보다는 다른 이유로 교회를 옮기는 사람들이 더 많다. 2004년도의 수평 이동 보고서에 따르면, 사람들이 교회를 옮기는 이유 1, 2, 3위가 모두 영적인 충족과 관련 있는 것이었다. 그러므로 이전 교회에서 수평 이동을 한 새가족이라도 모든 사람이 이전 교회에서 상처를 받고 왔을 거라고 여기는 것은 좋지 못하다. 그들은 자신들 각자의 필요에 의해서 교회를 옮기는 것이다. 물론 교회에 처음 발을 디디는 초신자라 하더라도 마찬가지다.

어떤 이들은 말씀이 갈급해서 교회를 옮기는 경우도 있고, 어떤 이들은 정말 뜨겁게 기도하고 싶은 환경을 갈망해서 교회를 옮기기도 한다. 예배를 통해 만족을 얻지 못해서, 혹은 사람들과의 교제를 통해 외로움을 달래고 싶어서 그럴 수도 있다. 혹은 이혼이나 가족 환경의 변화로 새로운 토양에서 선입견 없이 신앙생활을 하고 싶어 하는 사람도 있다.

이렇게 다양한 사유를 가지고 온 사람들이 그 필요를 채우기 원하는 것은 당연하다. 따라서 새가족과 대화를 나눌 때는 그들이 어떤 점을 원하는지를 파악하는 것이 매우 중요하다. 그런데 문제는 그것을 대놓고 물어본다고 할 때, 말할 수 있는 부분이 있고, 말할 수 없는 부분도 있다는 것이다. 따라서 새가족을 대할 때는 무덤덤하고 무신경한 마음으로 대해서는 안 된다. 그들과의 대화 속에서 그들의 필요를 찾아내고 그것을 채우기 위해 도와주는 것이 정말 새가족을 돕는 길이다.

예를 들어, 예배를 마치고 함께 차를 마시는데 새가족이 집에 가려고 하지 않고 계속 이야기를 한다면, 그 사람은 교회에서의 교제와 위로를 원하는 것일 확률이 높다. 자신의 이야기를 들어 줄 사람이 필요해서, 혹은 집에 가봐야 혼자 있어야 해서 교회에 더 있고 싶어 하는 사람일 수도 있다. 그럴 때 빨리 집에 가라고 하는 것은 그 사람의 필요에 부응하는 행동이 아니다. 혹은 성경 공부에 관심을 가지고 물어보는 사람에게 우리 교회는 기도회가 좋으니 계속 기도회만 나오라고 종용하는 것도 좋지 않다. 그 사람이 이전 교회에서 너무 기도만 하다가 이제는 성경 공부를 하고 싶어서 교회에 나왔을 수도 있으니 말이다.

새가족을 잘 돌본다는 것은 친절을 넘어서 그들의 필요를 채울 수 있도록 돕는 것이다. 이는 어쩌면 그들이 제일 원하는 돌봄의 모습일지도 모른다.

53

따뜻함으로
승부하라

하나님은 인간을 지으실 때 사랑을 필요로 하는 존재로 만드셨다. 그래서 사람들은 늘 사랑을 갈구한다. 하나님을 찾는 이유도 하나님만이 채우실 수 있는 그 절대적 사랑이 필요해서일 것이다. 교회가 하나님의 그림자로서 이 땅에 존재한다면, 새가족이 사랑받는 존재라는 느낌을 주는 것은 매우 복음적이라고 생각한다. 한 사람을 교회 문턱을 넘게 하는 일이 얼마나 어려운가? 그런 점에서 한 사람 한 사람을 길에서 전도하는 심령과 노력으로 대한다면, 아마 훨씬 더 많은 새가족이 정착할 수 있으리라고 본다.

사람은 누구나 따뜻함을 원한다. 나를 대하는 사람의 손짓 하나, 따뜻한 눈빛과 미소, 친절은 사람의 마음을 녹인다. 사람은 이론에 설득되기 이전에 마음으로 감동된다. 때로 우리가 교회를 옮기지 못하는 많은 이유가 바로 정 때문이기도 하다. 이는 교회가 다소 마음에 들지 않더라도 사람과의 따뜻한 정이 교회를 다니는 데 있어 많은 것을 충족시킨다는 뜻이다.

성도들은 새가족을 대하는 것을 많이 부담스러워한다. 자신은 복음을 잘 설명할 수도 없고, 성경적인 지식도 없다는 이유 때문이다. 그러나 이는 대단한 착각이다. 일자무식의 아버지도 박사 자식을 키워 내기도 한다. 공부는 학교에서 하는 것이고, 자식을 키우는 일은 사랑으로 하는 것이기 때문이다. 교회도 마찬가지다. 교회는 극장도 강의실도 아니다. 학교는 더더욱 아니다. 하나님에 대해서, 성경에 대해서 배우기도 하지만, 굳이 교회가 무엇인지 정의해야 한다면 교회는 '가정'이라고 할 수 있다.

교회는 하나님을 섬기는 영적인 가정이다. 지식을 가지고 있어야, 새가족을 교육할 만한 능력이 있어야 그들을 섬길 수 있다는 생각은 잘못된 것이다. 가정은 그 무엇보다 따뜻한 사랑이 제일이다. 지식이 있든 없든 상관없다. 늘 함께해 주고, 사랑해 주고, 좋아해 주고, 돌봐 준다면, 그것이 새가족을 교회에 남게 하는 최고의 무기가 될 수 있다.

말주변이 없고 낯을 많이 가리는 성도라고 해도 그 눈빛이나 대하는 태도가 따뜻할 수는 있다. 교회가 따뜻하다는 것은 단지 담임 목회자와 교역자가 따뜻하다는 의미만은 아니다. 성도 한 사람 한 사람이 교회 안의 모든 사람에게 적의를 없애고, 손님이나 극장에 온 사람처럼 구는 태도를 없애고, 내가 또 다른 큰 가정에 들어왔다는 마음을 가지고 교회 생활을 한다면 그것이 바로 교회의 따뜻함이 된다.

54

유사한 경험을 한 사람이
좋은 친구가 되어 줄 수 있다

새가족을 도울 때 비슷한 경험을 공유하는 사람들이 훨씬 더 도움이 되고 좋다. 60대의 새가족은 30대가 친구가 되어 주기 어렵듯이 젊은 부부라면 그 부부와 비슷한 나이이거나 조금 더 나이가 위인 사람이 함께해 주는 것이 좋다. 공감대가 같고 대화거리가 비슷하면 고민을 함께 나눌 수 있기 때문이다.

교회 안에 자신의 삶과 고민을 나누며 공감할 수 있는 친구가 있다면, 교회에서 만족하지 못하는 부분이 있다 하더라도 쉽게 교회를 떠나지는 않을 것이다. 육아의 고민을 함께 나누거나, 자녀를 모두 키우고 빈 둥지를 지키고 있는 상실감을 나누거나, 은퇴를 앞두고 미래에 대한 걱정을 가지고 있는 마음을 함께 나눌 수 있는 사람이 있다면, 훨씬 더 빨리 마음 문을 열 수 있다.

그런 점에서 성도들 간에 교제를 나누거나 구역 편성을 할 때, 혹은 우연히 옆자리에 앉아 교제를 나눌 때는 이런 연령과 세대 간의 경험을 참고하는 것이 좋다. 이성보다는 동성 간이 더 편하고,

나이 차이가 많은 것보다는 나이 차이가 덜한 것이 더 좋다. 직장인과 주부의 관계보다는 주부가 주부를, 직장인이 직장인을 대하는 것이 더 쉽게 친해지고 마음을 나누기 좋다.

시어머니의 입장으로 사는 사람과 며느리의 입장으로 사는 사람이 원활하게 대화를 나누기는 어려울 것이다. 비슷한 경험을 가진 사람이 당연히 더 친해지기 유리할 것이다. 그러므로 만약 우연히 새가족과 함께 이야기를 나누게 된다면, 자신의 입장에서만 이야기하지 말고, 상대방의 입장에서 대화를 나누려고 노력해 보라.

젊은 아이 엄마와 대화를 나누면서 요즘 며느리들은 어른 공경을 할 줄 모른다는 식의 대화를 한다면 어떤 사람이 좋아하겠는가? 그런 대화는 교회에서도 어른을 잘 모시라는 무언의 압력처럼 느껴질 수 있다. 만약 내가 함께 대화를 나누는 상대가 나보다 교회에 오래 다니지 않은 것 같다면, 우선 그 사람의 입장에서 대화하려고 해야 한다. 어쩌면 그 사람이 우리 교회를 처음 나온 새가족일 수도 있기 때문이다. 그런데 은혜도 받기 전에 나의 일방적이고 배려 없는 대화로 인해 시험에 빠져서는 안 되지 않겠는가? 유사한 경험이 없다면 최대한 그 사람의 입장에서 생각해 보려고 하고, 그 사람이 관심 가질 만한 대화를 하는 게 좋을 것이다.

55
극장처럼 왔다 가지 말고
친구가 되어 주라

봉사도 때가 있다. 나이가 들어 몸이 약해지거나 체력이 떨어지면 몸으로 하는 봉사를 하기 어렵다. 때로는 아이를 돌보거나 직장 일로 바빠서 봉사를 못하게 되는 경우도 있다. 내가 하고 싶다고 언제나 봉사를 할 수 있는 건 아니다. 그래서 성도들은 한때는 열정적으로 봉사를 하다가도, 여건이 되지 않으면 봉사를 접고 그저 예배나 드리는 수동적인 신앙의 모습을 갖게 된다. 선뜻 나설 수 없는 시간이 온 것이다.

그러나 이런 모든 제약을 이기고 누구나 할 수 있는 봉사가 있다. 그것은 바로 새가족에게 관심을 가지고 그들과 친구가 되어 주는 일이다. 이 일은 정말 쉽고 누구나 할 수 있는 일이다. 시간이 그리 오래 걸리지도 않는 일이다. 한 사람에게만 집중할 필요도 없다. 그저 교회에서 만나는 새로운 사람들, 낯선 사람들과 친절하게 대화해 주면 된다. 교회에서 은혜받은 간증을 나누고, 커피 한잔을 사주고, 자리를 양보해 주면 된다. 이는 그때그때 누구나 할 수 있는 아주 작지만 소중한 일이다.

아마도 봉사를 하지 않고 예배만 드리는 성도들은 그저 왔다 가는 것이 다일 것이다. 그러다 보니 본의 아니게 마치 극장에 와서 영화를 보고 가는 사람처럼 누구에게도 관심을 갖지 않게 되고, 누가 옆자리에 앉든 상관하지 않게 된다. 이번 주 영화가 감동적인지 아닌지에만 관심을 두게 되는 것이다. 그러다가 예배가 끝나면 아무 인사도 없이 흩어진다. 그런데 이런 모습으로 교회에 다니는 사람이 생각보다 많다.

만약 이런 식으로 교회 생활을 하고 있다면, 비록 봉사는 못해도 주님의 일에 참여하고 이바지하는 사역을 해보는 게 어떤가? 바빠서 일찍 가야 해도 상관없다. 그저 '오늘은 누구를 만날까?'라는 설레는 마음으로 교회에 와서 마주치는 사람들에게 다정한 말 한마디를 건네거나, 따뜻한 인사를 한번 하거나, 비치된 차가 있다면 함께 커피 한잔 할 수 있는 것만으로도 정말 훌륭한 사역이 된다.

상상해 보라. 한가하게 산책을 하다가 놀이터에서 혼자 놀고 있는 아이에게 "너 뭐 하니? 나도 이 동네 사는데……."라고 말을 건넬 수도 있고, 그냥 휙 지나갈 수도 있다. 꼭 다시 만나지 않아도 편하게 말을 건네주는 정도의 친절로도 친구가 될 수 있다. 교회에서는 다음 주에 비슷한 자리에서 다시 만나 안부를 물을 수도 있다. 혹은 화장실에서 만나 반갑게 인사를 다시 나누고 차 한잔을 마실 수도 있다. 그렇게 부담 없는 편안한 친구가 되어 준다면, 새 가족 혹은 아직 오랫동안 정착하지 못한 낯선 성도들에게 큰 힘과 위로가 될 것이다.

　거창한 봉사를 하지 않는다고 아무것도 못한다고 생각하지 말라. 그저 말 한마디 건네는 편안한 친구가 되어 주는 것만으로도 영혼을 구원하는 위대한 일을 할 수 있다. 주일 하루만은 나도 영혼 구원을 위해 봉사할 수 있는 것이다.

56

자신에 대해
스스로 말할 때까지
기다려 주라

사람은 저마다 성향이 다르다. 어떤 사람은 처음 만날 때부터 자신의 모든 것을 쏟아 놓으며 이야기하고, 어떤 사람은 절대로 먼저 이야기하지 않고 다른 사람의 이야기를 주로 듣기만 하기도 한다. 이런 성향의 차이가 생기는 이유는 각자 다른 예의의 기준을 가지고 있어서라고 볼 수도 있다. 어떤 사람은 자신을 먼저 소개하는 것이 예의라고 생각하는 것이고, 어떤 사람은 초면에 너무 많은 이야기를 하는 것이 예의가 아니라고 생각할 수도 있는 것이다. 그런데 그런 모든 것을 무시하고 내가 궁금한 모든 것을 알고 싶어 하는 태도는 상대방에게 무례하게 보이거나 굉장한 부담으로 작용할 수 있다.

누차 이야기했지만, 요즘 시대에는 과거보다 훨씬 더 '이것이 기준이다!'라고 하는 전형적인 삶이 없어지고 다양한 삶의 형태가 나타난다. 나이가 많아 보이지만 미혼인 경우도 많고, 이혼한 사람도 많다. 자녀가 없는 사람도 많고, 자녀 중에 장애가 있는 사람도 많다. 혹은 이보다 더한 사연을 가지고 교회를 새롭게 방문한 사람도 있을 것이다. 이런 모든 경우를 생각할 때, 과연 어떻게 하면 지혜롭게 관계를 형성할 수 있을까?

교제를 나누고 관계를 형성해 가려면 서로에 대해서 알아 가는 시간이 필요하다. 우리 구역이 되었으니 이제는 조금 편해졌다는 이유로 가계 조사하듯이 꼬치꼬치 캐묻고, 당연히 상대방의 가족 관계나 신상을 다 알아야 한다고 생각하면 큰 실수다. 요즘은 개인 정보에 굉장히 민감한 시대다. 개인 정보의 유출이 우리에게 큰 피해를 입히고 있다고 여겨지는 때에, 사생활에 대한 노출을 달가워하는 사람은 거의 없을 것이다.

그러므로 여러 의미에서 우리는 새가족을 기다려 줘야 한다. 그들이 진심으로 마음 문을 열고 자신의 이야기를 하고 싶어질 때까지 신뢰감을 심어 주고 더 기다려 주어야 한다. 상대방이 스스로 진실되게 자신의 이야기를 하는 순간이 바로 진짜 그 사람에 대해 알게 되는 순간이기 때문이다.

조금만 더 여유를 가지고 그들을 기다려 주라. 그리고 그들 스스로 마음 문을 열 수 있도록 오히려 이쪽에서 더 믿어 주고, 신뢰받을 수 있는 성숙한 모습을 보여 주면 좋겠다. 새가족이 등록 카드에 쓴 내용까지가 그가 교회에 말하고 싶은 부분이다. 또한, 새가족이 성도에게 말하는 데까지가 그가 말하고 싶어 하는 정보의 다라고 생각하라. 그 이상이 궁금하다면 기도 제목을 물어보라. 충실히 기도하고 관심을 가진다면, 당신의 기도를 신뢰하는 만큼 자신을 더 많이 오픈하고 점점 더 구체적인 기도 제목을 말하게 될 것이다.

57

홈페이지나 SNS에 올릴 사진은 허락을 받으라

요즘은 나이 고하를 막론하고 SNS를 하는 사람이 많아졌다. 페이스북이나 카카오 스토리 혹은 트위터나 기타 SNS 활동을 통해 교제를 나누고, 자신의 삶을 오픈하는 것이 활성화되었다. 새가족은 교제를 나누다가 기념으로 사진을 찍거나, 얼굴을 익히기 위해서 사진을 찍는 경우가 많다. 그럴 때 조심해야 할 점은 그들의 사진을 SNS상에 아무 데나 함부로 올려서는 안 된다는 점이다.

사실 SNS를 하면서 느낀 점은 한 다리 건너서 아는 사람이 너무 많다는 것이다. 내가 알고 있는 사람을 저 사람이 알 거라고는 상상도 못했는데, 전혀 다른 경로로 서로 친구가 되어 있어서 서로의 정보가 공유되는 것을 자주 본다.

만약 새가족이 이전에 교회를 다니던 사람이라면, 그 사람이 교회를 옮긴 것을 예전 성도들이 모를 수도 있다. 물론 이사해서 교회를 옮긴 것처럼 누가 봐도 합당한 이유가 있는 경우라면 상관없겠지만, 상황에 따라 그렇지 않은 경우도 있다.

그렇다고 새로 간 교회에서 사람들에게 "저는 이전 교회에서 상처받아서 옮겼어요."라고 쉽게 말할 수 있는 사람은 흔치 않을 것이다. 대부분은 굳이 좋지 않은 일을 떠벌리지 않겠다는 의도에서 아무 말도 하지 않을 경우가 많다. 그럴 때 만약 SNS 같은 곳에 사진이 올라가면 새가족이 곤란을 겪을 수도 있다. 그러므로 만약 사진을 올리고 싶다면 새가족에게 한 번쯤 양해를 구하는 것이 좋다. <u>혹시 그 사람만이 가지고 있는 사정이 있을지도 모르니 말이다.</u>

예전에 사역하던 교회의 주변 교회에서 큰 문제가 생겼던 적이 있다. 구체적인 정황까지는 모르나 다시는 입에 담고 싶지 않을 만큼 좋은 일은 아니었다. 그 일로 성도들이 조금씩 흩어지고 주변 교회들로 이동하게 되었다. 그들 중 어떤 사람들은 새가족의 사진을 올리는 교회 홈페이지에 자신의 사진을 올리지 말아 달라고 따로 부탁하는 사람도 있었다. 물론 이 교회로 온 것을 창피하게 여기거나 숨기려는 의도는 아니었지만, 이래저래 사람들이 알아보고 이야깃거리가 나오는 것이 싫었던 것이다. 충분히 이해가 가는 상황이었다.

그때 나는 '비록 스스로 작정하고 등록했지만, 그것을 외부로 드러내면 때로는 새로운 문제가 생길 수도 있겠구나. 더 많이 배려해야겠구나.'라는 생각을 하게 되었다.

이와 같은 상황이 벌어지지 않게 하기 위해서는 새가족의 사진을 홈페이지에 올릴 때, 소그룹 모임에서 함께 찍은 사진이라 하더라도 한 번쯤은 사진을 올려도 되는지 의향을 물어보는 것이 좋다.

　염두에 두어야 할 점이 또 있다. SNS는 불특정 다수가 사진을 볼 수 있는 장소다. 그래서 사람들은 주로 자기가 잘 나온 사진을 올린다. 새가족이 함께 나온 사진을 올릴 때는 혹시 그가 사진을 마음에 들어 하지 않을 수 있다는 점도 염두에 두도록 하자. 혹여 그 사람의 콤플렉스를 건드리는 일이 될 수도 있기 때문이다.

58

다수의 사람이
의미 없는 똑같은 말로
안부 인사하지 말라

한번은 미국에 있는 한인교회를 방문한 적이 있다. 물론 등록할 것이 아니라 잠깐 방문한 것이긴 했지만, 사람들이 내게 친절하게 대하려고 노력해 주어서 참 좋았었다.

예배를 마치고 식사를 하는데 마침 나의 지인이 일이 있어서 잠깐 자리를 비우고 나 혼자서 점심을 먹게 되었다. 그러자 네다섯 사람이 차례로 내 옆에 다가오더니 반갑게 인사를 하기 시작했다. 그런데 문제는 그들이 똑같은 질문을 반복했다는 것이다. "미국에는 어떤 일로 방문하셨어요?" "누구랑 같이 오셨어요?" "어디 사세요?" 나는 점심을 먹으면서 계속해서 똑같은 대답을 반복해야 했고, 그들의 질문이 슬슬 짜증 나기 시작했다.

새가족에게 친절한 교회들이 가지는 약점이 바로 이런 점이다. 성도가 누구인지 뻔한 한인교회에서 새가족은 정말 눈에 띄는 사람임에는 분명하다. 그들은 나에게 정말 친절했다. 그러나 그 친절함이 부담스러워지기 시작한 시점은 똑같은 질문이 반복될 때였다.

누구도 사실 낯선 사람과 계속 밥을 먹고 싶지는 않을 것이다. 얼마나 어색하겠는가? 그러나 내가 겪어 보니 같이 밥을 먹을 요량이 아니라면, 잠깐 인사하고 가면서 의미 없는 똑같은 질문을 하는 것은 별로 좋은 느낌을 주지는 않았다. 각자는 한 번씩 물었지만, 나는 똑같은 대답을 여러 번 해야 했다. 그러다가 결국 그들의 질문이 형식적이고 식상하다는 생각이 들었다.

이런 실수는 우리도 할 수 있다. <u>나는 처음 봤기 때문에 질문하지만, 새가족 당사자는 똑같은 질문을 여러 번 받을 수도 있다는 점을 유의해야 한다.</u> 진심이 담기지 않은 인사, 그냥 던지고 가버리는 안부 인사는 별로 반갑지 않았다. 모든 것은 마음이 담겨야 전달이 된다는 것을 확실하게 느낀 계기였다.

마음이 힘들 때는 많은 말을 하는 사람보다 그저 곁에 있어 주는 사람이 더 고맙게 느껴진다. 어떤 말을 해야 할지 모르겠다면 차라리 말을 조금 아끼고, 곁에 있어 주고 싶은 진짜 마음을 행동으로 옮기는 게 더 진심으로 느껴지기 때문 아닐까? 마음이 없다면 차라리 말을 줄이는 편이 낫다.

마음! 바로 이 마음이 중요하다. 내가 진심인지 아닌지는 새가족이 더 잘 느낀다. 그러니 자신을 속이지 말고 진심으로 나아가도록 해야 한다.

59

오랜 기간
어색하고 두렵다는 것을
이해하라

새가족의 시간은 길다. 우리는 교회에 가면 어쩌면 시간이 이리도 잘 가고 바쁜지 정신없이 지내다가 집에 돌아오곤 한다. 그러나 새가족은 다르다. 그들은 우리가 생각하는 것보다 교회에 오래 머물러 있는 시간이 어색하고, 사람들이나 낯선 환경을 두려워한다는 것을 이해해야 한다. 새로운 환경에 가면 대부분의 사람들은 조심스러워지고, 조금 멀찍이 앉게 된다.

나도 새로운 교회를 방문할 때를 떠올려 보면 대부분 뒤편 가장자리에 앉았던 기억이 있다. 그러면 늘 안내하는 사람이 와서 굳이 앞자리에 가서 앉으라고 강권한다. 나는 그게 참 싫었다. 그들의 눈에는 뒷자리에 앉는 것이 자리 배치에 방해되고 비효율적으로 보일지도 모르겠으나, 나는 앞쪽에 가고 싶지 않았다. 조금 보이지 않는 곳에서 예배드리며 익명성을 누리고 싶었고, 눈에 띄지 않고 편하게 있고 싶었다. 그런데 자리를 안내하는 사람은 굳이 나를 움직여 사람들의 중간에 끼어 앉게 하거나 앞으로 이동하라고 다그치곤 했다. 만원 버스도 아닌데 성도들을 차곡차곡 밀어 넣어야 직성이 풀리는 사람처럼 느껴지기까지 했다. 물론 왜 그러는지 안다. 이해하지만 좋지는 않다. 편하지도 유쾌하지도 않다.

밖에 다니면서도 우리는 대체로 무엇에 강요받지 않는다. 카페에 갈 때도 내가 앉고 싶은 자리에 앉고, 내가 상식선에서 알아서 하는 것에 대해서 누가 뭐라고 하는 일은 극히 드물다. 그런데 유독 교회에만 가면 이래야 한다, 저래야 한다 하는 사람이 많은 건 왜일까?

새가족에게 조금만 더 시간을 주고 관대해지면 좋지 않을까? 교회의 규율과 원칙에 맞추려고 하지 말고 새가족의 어색함을 조금 더 이해해 주면 좋지 않을까? 얼굴조차도 알아볼 수 없는 초대형 교회가 아니라면, 어느 정도는 낯선 사람을 느낄 수 있는 정도의 규모라면, 설령 조금 외진 자리에 앉거나 뒷자리에 앉아도 그냥 내버려 두었으면 하는 바람이 있다.

교회를 결정하는 일은 한 개인에게 굉장히 중요한 일이다. 영적인 문제가 인간에게 가장 중요하고 큰 문제이니 말이다. 교회를 결정하는 일은 참 어려운 일이다. 그래서 새가족에게는 충분한 시간이 필요하다. 밀어붙여서 될 일이 아니다. 새가족에게는 고민하고 확신을 가질 수 있는 시간, 낯설고 두려운 마음이 풀어질 수 있는 시간이 충분히 필요함을 알아야 한다. 그런 확신이 빨리 들게 하는 것은 교회 시스템 안으로 빨리 들어오라는 다그침이 아닌 성도들의 사랑과 배려임을 기억하자.

60

사람을 변화시키는 것은
이론보다 감동이다

누구나 인생의 기점 같은 것이 있다. '아! 내가 이렇게 살아서는 안 되겠구나.' 혹은 '나도 이런 삶을 살아야겠구나.'라는 결단을 한 경험들이 있을 것이다. 그것이 인생에 아주 큰 터닝 포인트가 되었건, 그저 습관을 교정한 작은 일이었건 말이다.

그런데 그런 경험들을 돌아보면, 누군가의 냉철하고 이론적인 설득보다는 감동이 밀려왔을 때 사람을 더 많이 변화시키게 된다. 어느새 초라해진 아버지의 뒷모습을 보면서 '이제 내가 어른이 되어야겠구나.'라고 생각할 수도 있고, 주름살이 늘어나고 한없이 거칠어진 어머니의 손을 보면서 '정말 효도해야겠다.'라고 생각할 수도 있다. 한 장의 사진으로 전쟁의 처참함을 깨닫고 난민 구조를 위해 세계가 움직여야 한다는 각성이 일어나는 것도 그 사진이 주는 마음의 울림 때문일 것이다. 그만큼 사람은 이론보다는 감동에 움직인다.

교회를 결정할 때도 사람들은 한 교회에서 몇 번의 예배를 드려

보곤 한다. 그리고 어느 순간 그 마음에 울림이 있고 감동할 때 '아, 이 교회구나!'라고 마음먹곤 한다. 그러한 감동이 크면 클수록 다소의 불편함이 있더라도, 조금 만족스럽지 못한 구석이 있더라도, 교회에 등록하여 그 교회의 성도가 되기로 결단한다.

그런데 그 감동은 단지 설교나 예배를 통해서만 오는 것이 아니다. 지금의 교회는 사실 많은 부분 비정상적인 방향으로 치우쳐져 있다. 교회가 그저 예배만 드리는 곳이라고 생각하는 것도 치우쳐진 생각이다. 교회는 예배만 드리는 곳이 아니라 삶을 나누는 공동체가 되어야 한다. 그럼에도 불구하고 우리의 현실은 예배가 좋아야 교회가 부흥하는 관계가 형성되어 있다. 그리고 예배는 또 설교에 집중되어 있어서 마치 설교는 곧 예배인 것처럼 여겨지고 있다. 그래서 설교를 못하는 목회자는 마치 무능한 목회자처럼 취급받고 있다. 설교를 잘한다고 그 목회자의 삶이 훌륭한 것은 아니다. 이 것도 치우친 생각이다.

교회는 훨씬 총체적이어야 한다. 설교를 포함한 예배의 모든 과정이 은혜롭고 좋아야 하지만, 성도 간의 만남과 교제, 봉사와 활동, 기타 모든 것이 우리 삶에 녹아야 한다. 그리고 구석구석에서 감동하고 한가족이 되고 싶은 마음이 일어나야 한다. 이것이 정상적인 모습이다.

감동을 그저 설교하는 목회자의 몫으로만 넘겨서는 안 된다. 새가족은 좋은 연사가 출연하는 극장에 온 것이 아니라 영적인 가정을 찾아온 것이다. 그들은 그 가족 구성원들의 사랑 안에서 감동하고 하나 되길 원한다. 새가족은 새가족부에서 교육이나 받고 설교나 잘 들으면 된다고 여기지 말라. 그들은 학교에 온 것이 아니라 당신과 함께 인생의 여정을 나누기 위해 교회에 왔다는 것을 기억하라.

61

새가족이 편안하게
느끼도록 하라

　　새가족을 돌보려는 사람은 기본적으로 센스가 있어야 한다. 하지만 이 센스는 타고나는 것만이 아니라 사랑하면 생길 수 있는 것이다. 사랑하는 사람을 위해서 우리는 언제나 우리의 촉각을 세우고 그 사람을 기쁘게 하려고 노력한다. '꽃을 좋아할까? 이 옷을 입을까? 어떤 영화를 좋아할까? 이 선물은 마음에 들어 할까? 오늘은 왜 우울해 보이지? 내가 풀어 줄 방법이 없을까?'라고 고민하면서 말이다.

　　연애를 해본 사람이라면 모든 감각이 좋아하는 사람의 상황과 분위기를 알기 위해 가동되었던 것을 누구나 경험해 봤을 것이다. 사랑이 있으면, 조금만 관심을 가지면, 잠깐의 대화를 통해서도 상대방이 혼자 있고 싶은지, 아니면 함께하고 싶은지를 알 수 있다.

　　처음 교회를 방문한 사람들 중에 어떤 사람은 혼자 있고 싶어 하거나 간섭받지 않고 예배를 편하게 드리고 싶어 한다. 또 어떤 사람은 관심과 배려를 원하여 아는 척하면 정말 고마워하고, 대화에

184 모든 성도가 새가족부대!

호의적이며, 초대를 거부하지 않는다. 그러니 쉼이 필요한 사람에게는 쉼을 허락해 주고, 관심을 원하는 사람에게는 사랑과 관심을 즉각적으로 쏟아 주는 것이 좋다.

우리는 교회와 주최 측이 원하는 대로가 아니라 새가족이 원하는 대로 해주려고 노력해야 한다. 새가족을 끌고 마음대로 휘두르려고 하지 말고, 그 사람이 무엇을 편안해 하는지, 무엇을 기대하는지에 촉각을 세워야 한다. 그렇다고 처음에 무관심을 원했다고 해서 평생 무관심하게 내버려 두라는 말은 아니다.

새가족을 단지 교회에 등록시키기 위해 대하다 보면, 결국 모든 새가족을 기계적으로 대하게 된다. 우리는 단지 교회에 등록시키기 위해 새가족을 반기는 것이 아니다. 한 영혼을 영적 가정에 뿌리내리게 하기 위해 그들을 사랑하고 배려하는 것이다. 새가족이 완전히 정착할 때까지 모든 성도가 조금씩만 배려하고 마음을 쓴다면, 새가족은 마음의 평안을 얻고 교회에 더 잘 정착할 수 있을 것이다.

이제는 모든 성도가
새가족을 맞이해야 한다

　　　　　　　　우리 부모님 세대에는 자녀를 많이 낳았다. 8명, 9명 심지어는 12명도 낳았던 때가 있다. 워낙 가난하고 어려웠던 시절이라 그중에 한두 명은 중간에 죽기도 했다. 그때는 부모만이 아이들을 돌보기에는 절대적으로 힘든 시절이었다. 대가족을 먹여 살리기 위해 당연히 아버지는 밖에 나가 일을 했고, 농촌이라면 어머니도 논일 밭일을 함께했다. 이런 상황이 되면 자연스럽게 먼저 태어난 아이들이 동생들을 돌보면서 지내게 된다. 자기 앞가림을 하는 순간부터 부모님을 돕고, 동생들을 돌봐 주어야 가족이 생활할 수 있었다. 그렇지 않았다면 어떻게 그 많은 아이를 잃어버리지 않고 밥을 챙겨 먹이면서 살아갈 수 있었겠는가?

　교회도 마찬가지다. 교회의 교역자들이 모든 성도를 다 돌볼 수는 없다. 보통은 크든 작든 교역자 한 명에게 수십 명 혹은 수백 명의 성도가 할당되어 있다. 그러니 아무리 최선을 다한다 하더라도 당연히 미흡할 수밖에 없는 현실이다.

　하나님은 교회를 영적인 가정으로 만드셨다. 우리는 한몸이고,

지체다. 교회는 우리가 서로서로 도우면서 이 험한 세상 가운데 효과적으로 영적인 전쟁을 치르라고 만들어 주신 최고의 공동체다. 이 교회 안에 큰아들부터 갓 난 막내 아이까지 있는데, 아무도 돌보지 않고 놀고먹는다면, 그들이 다 건강하게 잘 자랄 수는 없을 것이다. 결국, 우리도 부모님들 시절처럼 여력이 되는 대로 서로서로 돌보면서 자라나야 서로 사랑하고 위하는 건강한 가정이 유지될 수 있다.

한국교회는 이제까지 수십 년 동안 전도에 매진해 왔다. 그러나 새가족을 돌보는 일에는 미숙했다. 스스로 정착하면 다행이고 그렇지 못하면 그들의 신앙이 아직 때가 안 되어서 그런 거라며 위안으로 삼았다.

이제는 시대가 달라졌다. 전도는 더 힘들어졌고, 그만큼 교회에 정착하는 일이 훨씬 더 중요한 시대가 되었다. 이제는 한번 교회에 발을 디딘 새가족이 교회를 떠나게 해서는 안 되는 시점이 된 것이다. 나가서 데려오지는 못할망정 들어온 사람을 다시 나가게 하는 실수를 범해서는 안 된다.

담임 목회자만으로 턱없이 부족하다. 그렇다면 교역자들로 충분한가? 새가족부 봉사자들만으로 충분한가? 아니다. 그들로는 부족하다. 새가족은 단지 교육만 해야 하는 사람이 아니기 때문이다. 그들은 자신이 만나는 성도 한 사람 한 사람에게서 큰 영향을 받는다. 그들은 성도들을 통해서 시험에 들기도 하고, 감동하기도 한다. 그런 그들이 언제 어디서 누구를 접하고 만날지 모를 일이다.

전도로 새가족이 쏟아져 들어오던 시대는 지나갔다. 이제는 모든 성도가 깨어 새가족을 함께 맞이해야 하는 시대가 되었다. 그러니 모두가 함께 한 영혼을 소중히 여기며 그들이 하나님을 온전히 만나도록 인도해야 한다. 그러려면 무관심했던 태도를 버리고, 그들을 진정으로 가슴으로 맞아 주고 사랑해 주는 영적 가족 공동체가 되어야 한다.

이 모든 것 위에 사랑을 더하라
이는 온전하게 매는 띠니라

(골 3:14)

MEMO

새가족을 위한 나의 다짐을 적어 보십시오.

_____

_____

_____

_____

_____

_____

_____

_____

_____

_____

_____

_____

_____

_____

_____

사명선언문

너희가 흠이 없고 순전하여……세상에서 그들 가운데 빛들로
나타내며 생명의 말씀을 밝혀 _ 빌 2:15~16

1. 생명을 담겠습니다

만드는 책에 주님 주신 생명을 담겠습니다.
그 책으로 복음을 선포하겠습니다.

2. 말씀을 밝히겠습니다

생명의 근본은 말씀입니다.
말씀을 밝혀 성도와 교회의 성장을 돕겠습니다.

3. 빛이 되겠습니다

시대와 영혼의 어두움을 밝혀 주님 앞으로 이끄는
빛이 되는 책을 만들겠습니다.

4. 순전히 행하겠습니다

책을 만들고 전하는 일과 경영하는 일에 부끄러움이 없는
정직함으로 행하겠습니다.

5. 끝까지 전파하겠습니다

모든 사람에게, 땅 끝까지, 주님 오시는 그날까지
복음을 전하는 사명을 다하겠습니다.

서점 안내

광화문점	서울시 종로구 새문안로 69 구세군회관 1층
	02)737-2288 / 02)737-4623(F)
강남점	서울시 서초구 신반포로 177 반포쇼핑타운 3동 2층
	02)595-1211 / 02)595-3549(F)
구로점	서울시 동작구 시흥대로 602, 3층 302호
	02)858-8744 / 02)838-0653(F)
노원점	서울시 노원구 동일로 1366 삼봉빌딩 지하 1층
	02)938-7979 / 02)3391-6169(F)
일산점	경기도 고양시 일산서구 중앙로 1391 레이크타운 지하 1층
	031)916-8787 / 031)916-8788(F)
의정부점	경기도 의정부시 청사로47번길 12 성산타워 3층
	031)845-0600 / 031)852-6930(F)
인터넷서점	www.lifebook.co.kr